J'en ai retrouvé quelques exemplaires, aussi je m'empresse de t'en envoyer un; tu garderas ainsi tes 2 "pesetas" et tu auras la dédicace que tu désiras de ton camarade Scurjiste, compatriote et ami.

J. de Lahondaz

« 1914-1915... »

Toulouse

pendant la Guerre

DU MÊME AUTEUR

GUERRE :

Impressions de la Campagne, par un blessé
du 20ᵉ de ligne (*Épuisé.*) .... 1ᶠ »

Toulouse pendant la Guerre, par un sous-
officier du 23ᵉ d'artillerie (suite du précédent).

Manuel de Conversation franco-allemand,
à l'usage des troupes en campagne (adapté à la
guerre moderne). En vente chez Fournier, éditeur,
Imprimerie militaire universelle, 264, boulevard
Saint-Germain, Paris .... o 75

Les Cheminots et la Guerre (*Épuisé.*) . o 30

SPORTS :

La Plongée, facteur essentiel de la Natation . o 25

J. L.

« 1914-1915... »

Toulouse
pendant la Guerre

PAR UN SOUS-OFFICIER DU DÉPOT
DU 23ᵉ D'ARTILLERIE

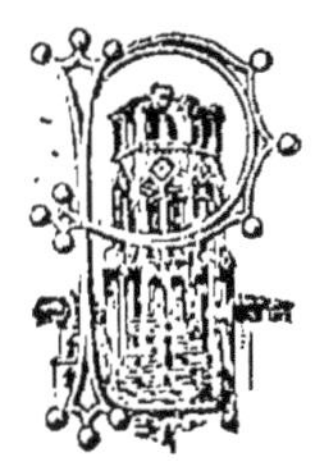

TOULOUSE
IMPRIMERIE ET LIBRAIRIE ÉDOUARD PRIVAT
14, RUE DES ARTS (SQUARE DU MUSÉE)

1917

Au Capitaine NÉEL

Somme, 1916.

AVANT-PROPOS

Le Conseil de Réforme du 24 novembre 1914 a fait de moi un artilleur. Ma « campagne » continue donc, pour l'instant, à Toulouse.

L'accueil inespéré qu'a rencontré mon modeste ouvrage *Impressions de la campagne* m'a permis d'apporter quelques secours et quelques adoucissements au sort de plusieurs de nos chers camarades blessés. C'est là un encouragement à publier mes nouvelles notes.

Il serait fastidieux cependant, à part certaines particularités que l'on retrouvera au cours de ces quelques lignes, de décrire notre existence monotone au Quartier.

Par contre, la vie intense de la ville de Toulouse, qu'un séjour de six mois au

Dépôt du 23ᵉ d'artillerie m'a permis de saisir sur le vif, mérite d'être décrite.

L'image que j'en fais, aussi fidèle que possible, constituera pour nos petits-enfants un témoignage irrécusable du sang-froid et de la certitude dans le succès final qui n'ont cessé d'animer les populations de nos grandes villes de France, au cours du plus effroyable conflit qui ait jamais existé.

Je préviens de suite le lecteur de ne pas se méprendre sur mon modeste ouvrage : celui-ci n'est ni une critique ni un jugement. Comme le précédent, c'est, sans littérature et sans recherche, la description exacte de tout ce que j'ai vu ou entendu à Toulouse. A côté des grandes et nobles choses, on trouvera parfois des choses peut-être quelque peu choquantes — celles-ci pour être sincère — et d'autres divertissantes — ces dernières pour égayer un moment mon texte...

Ce sera donc à toi, ami lecteur, après avoir lu ces notes, de juger, de critiquer et conclure...

Toulouse, le 1ᵉʳ juillet 1915.

J. DE L...

Premier retour du Front à l'arrière.

De Châlons-sur-Marne à Bordeaux et à Toulouse.

Depuis deux mois bientôt qu'autour de nous, sur le champ de bataille ou à l'hôpital, nous ne rencontrons que mort, misères, ruines, désolation, nous avons pour ainsi dire perdu la notion exacte des choses. Nous sommes habitués, « faits » à cette ambiance douloureuse et la vie, la vie normale, la vie que nous avons connue avant le mois d'août, nous semble maintenant finie à tout jamais. Un retour à cette vie-là nous paraît une utopie.....

Et pourtant, quelle surprise, véritable résurrection pour mes compagnons et moi, à mesure que nous nous éloignons de la ferme Lassalle, notre première étape vers l'arrière...

Nos yeux ont peine à se dessiller en arrivant à Châlons-sur-Marne, où, malgré une occupation de plusieurs jours par les apaches du Kaiser, nous trouvons une ville intacte. Des maisons avec leurs murs, leurs toitures et leurs meubles ! Des jardins bien soignés et riants ! Des églises avec leurs clochers ! Et par-dessus tout, un bon lit avec des draps tout blancs à l'Hôpital !

Lazare, sortant de son tombeau, n'a pas dû être autrement impressionné que nous !

C'est du prodige, et pourtant c'est bien la réalité, réalité d'ailleurs à laquelle nous nous habituerons d'autant plus facilement qu'une convalescence plus rapide nous rapproche de Gascogne.....

Evidemment, l'aspect général de Châlons-sur-Marne est modifié : l'air qu'on y respire est différent du temps de paix. Par suite de la suppression momentanée des trains commerciaux, l'élément civil est encore assez clairsemé et les magasins sont complètement vides pour la plupart. Quelques-uns cependant, rares, sont ouverts. Aussi, devant leur porte, est-ce une vraie foire de militaires de tous grades et de toutes armes, faisant inutilement queue pour acheter quelque objet.....

En outre de ces nombreux militaires, de multiples automobiles appartenant à tous les services de l'armée, camions et voitures de tourisme, sillonnent la ville en tous sens et à grande allure. Au-dessus de ce grouillement, au-dessus de ce bruit de la grande ville, la voix du canon, déjà lointaine, ne cesse de se faire sourdement entendre.....

Arcis-sur-Aube, nouvelle étape : c'est la première ville où l'image de guerre commence à s'effacer. Séjour agréable, favorisé par un temps splendide. Je n'y ai jamais entendu le canon, ou si faiblement.....

C'est une petite ville paisible, propre, située dans un cadre frais et riant. Le moulin et le parc du château sont des coins charmants. L'église a de jolies verrières d'une teinte vive et colorée qui plaît à l'œil du moins connaisseur.

Le château, sobre et de bon goût, présente à la façade nord, en encadrement de la fenêtre d'où Napoléon consultait l'horizon, la trace des balles russes de 1814.....

1814..... 1914 !.....

Quel revirement en un siècle !

Sur les Allées, unique promenade de la ville, un dépôt de chevaux du 6ᵉ chasseurs rappelle seul, avec les drapeaux tricolores et de la Croix-Rouge des Hôpitaux, que nous sommes en guerre.

Les émigrés sont nombreux à Arcis ; malgré cela, on trouve en ville à peu près tout ce que l'on veut et à des prix abordables. Je me rappelle avoir bu de très bon vin chez les Piat-Ludot, hôteliers affables et complaisants.....

Cette villégiature terminée, me voilà en route pour Bordeaux, en passant par Troyes, Sens, Montargis et Orléans. Nous ne nous arrêtons qu'à Sens où un battement de plusieurs heures nous permet d'aller nous restaurer.

Troyes, point stratégique important, qui me rappelle le premier avion boche que j'ai vu..... Service d'ordre rigoureux ; impossible de quitter la gare. Aussi je m'embarque dans le premier train en partance, train bizarre, formé d'un pêle-mêle de wagons et de voitures de de tous nos réseaux, emmenant des émigrés, des blessés, des détachements, du ravitaillement, des chevaux, etc.....

De Troyes à Sens, les petites gares présentent toutes le même coup d'œil : dames de la Croix-Rouge nous apportant, à discrétion, de bonnes boissons chaudes et des provisions, et braves territoriaux G. V. C. les secondant avec autant de bonne volonté que de gaucherie, ou en train de préparer leur popote. D'autres, ceux qui sont de faction, rectifient correctement la position, au passage du train. Les uns n'ont de militaire que leur fusil, les autres ont un képi préhistorique, mais ils ont l'air crâne tout de même.....

A Sens, rien de particulier ; service de garde conciliant, ville calme.

A Orléans, ou, plus exactement « les Aubrais », nouvelle gare comme Troyes, très militarisée. Un service des plus rigoureux vérifie la situation de chaque « isolé » .

Mes musettes, mon bidon encore boueux, ma canne, et ma barbe — ma barbe surtout, que je ne fis tomber qu'en arrivant au Dépôt — durent inspirer confiance, car je pus prendre place dans le train semi-direct pour Bordeaux, au lieu du train de Limoges-Cahors, alors que mon ordre de transport (modèle A¹) indiquait ce dernier itinéraire.

A Bordeaux, pressé que je suis de rentrer au bercail, je ne m'arrête pas, mais je me rends rapidement compte de l'animation extraordinaire qui règne dans la somptueuse cité d'Aquitaine. D'ailleurs, du dépôt de mon régiment, je pus, dans la suite, venir y passer quelques heures et constater à quel point la présence du gouvernement avait contribué à en faire un réel Paris.

Je bornerai à cette simple constatation mes

notes sur Bordeaux ; d'abord, parce qu'il me faudrait, pour traiter le sujet à fond, y consacrer un nouveau volume et que je ne veux pas abuser de mes lecteurs qui devront être suffisamment armés de patience déjà pour achever la lecture de celui-ci ; ensuite, parce que je n'y ai pas séjourné assez longtemps pour donner les mêmes précisions que celles que je puis donner sur Toulouse. De plus, il a été pas mal écrit sur Bordeaux pendant la guerre, sur ce Bordeaux qu'on n'a plus appelé, plusieurs mois durant, « la capitale sans gouvernement ». La *Petite Gironde* notamment a publié, à propos de « la Presse » à Bordeaux, de remarquables articles d'Alfred Capus.....

Après Bordeaux, voici Marmande, dépôt du 20ᵉ régiment d'infanterie, qui a déjà vu couler abondamment le sang de ses enfants. On se retrouve plusieurs camarades du début, tout étonnés d'être encore vivants.....

La ville est sans changement apparent, en raison de sa garnison, dont les vides, dans les rangs des 20ᵉ et 220ᵉ régiments d'infanterie et du 130ᵉ territorial ont été comblés par l'appel de nouvelles classes.

Au bout de quelques jours, c'est enfin la bien heureuse convalescence qui me ramène à

Mézin. Ce petit coin de Gascogne ne m'a jamais paru plus beau ! Hélas ! que de souffrances déjà dans la « petite patrie ». La commune a déjà des deuils ; des morts sont officiellement connues, des disparus laissent les parents dans une angoissante perplexité ; plusieurs blessés sont de retour. La localité, si franchement égayée d'habitude par les gentilles « bouchonnières », est triste et trop calme, pour qui l'a connue avant. Peu de personnes dehors. Comme hommes, des vieillards et des enfants seulement. Sur les routes, pas une voiture ; dans les champs, de loin en loin, bien espacés, une femme et un mioche en train de labourer. Ceux que vous rencontrez ont des leurs au front ; plusieurs déjà pleurent un époux, un fils, un frère..... La guerre fait l'objet principal, sinon unique, de toutes les conversations.....

Cependant, les ateliers marchent ; les champs se cultivent, les femmes faisant des prodiges de vaillance.....

Et c'est en sortant de cet atmosphère de courageuse résignation et de sérénité triste, que je tombe brusquement au milieu de ce Toulouse bruyant et pittoresque que je vais essayer de dépeindre de mon mieux.

II

Toulouse : la gare, les rues.

La gare Matabiau, avec son élégante façade de belle pierre blanche sur laquelle se détachent harmonieusement les écussons des principales villes desservies par les réseaux du Midi et de l'Orléans, est malheureusement serrée de trop près par le canal. Le peu de largeur de la cour d'accès qui en résulte a pour conséquence, à l'heure actuelle, de permettre à l'œil de mieux apprécier le mouvement énorme des voyageurs, malgré la suppression d'un grand nombre de trains.

Si nous pénétrons dans la salle des Pas-Perdus, vaste et aérée, nous retrouvons, avec des uniformes militaires en plus, le même air du temps de paix : la bibliothèque de la gare, toujours tenue par la très aimable Mᵐᵉ Mollemerret et sa charmante fille (qui sont bien regrettées à Agen), est toujours bien achalandée, ainsi que le bureau de tabac voisin.

L'entrée sur les quais est plus difficile, car

il y a un service d'ordre qui ne badine pas...

A part quelques modifications provisoires, dortoir de la Croix-Rouge, infirmerie de gare, etc., le hall, avec ses diverses installations électriques modèles, est toujours aussi animé; comme autrefois, la marchande des violettes réputées de Toulouse continue, dans son kiosque embaumé, à faire de bonnes affaires.....

Le va-et-vient des militaires de passage est constant, en quête d'une issue pour aller en ville chercher un peu d'air ou une chambre pour passer la nuit, en attendant une correspondance de la matinée. Les plus malins seuls y réussissent; il leur faut pour cela inspirer confiance au sous-officier de planton qui se risque alors, mais bien rarement, à fermer les yeux, la consigne étant des plus rigoureuses à cet égard.

La « buvette militaire », proprement tenue par la sympathique « ex-caissière » du Buffet de la gare de Reims, est un défilé continuel...

La plupart de ces militaires de passage, ne pouvant quitter la gare, se voient donc contraints de passer la nuit dans un local exigu et peu confortable. Là, vraiment, la Compagnie du Midi me semble en défaut : qu'on se figure le couloir de la sortie normale des voyageurs coupé en deux par une cloison en planches..... D'un côté, c'est la sortie; de l'autre, l'unique abri de nos braves soldats : ils n'ont même pas tous un bout de planche pour s'asseoir et couchent par terre pour se reposer.....

Du fait de cet aménagement, résulte un autre inconvénient, celui d'avoir transformé la sortie actuelle en un étroit boyau, rendant des plus laborieux l'écoulement de la foule des voyageurs. Ceux-ci sont ainsi canalisés, d'une façon désespérante par la lenteur, du hall jusqu'à la cour de la gare. L'octroi, qui ne perd jamais ses droits, complique encore la situation et le voyageur qui, arrivé au bout de cet étroit couloir avec ses orteils écrasés, se croit enfin libre, se voit encore arrêté par deux portes légèrement entre-bâillées, de telle sorte qu'aucun délinquant ne puisse échapper au fisc municipal.....

A 22 h. 30 principalement, c'est un coup d'œil à voir et je me suis offert plus d'une fois ce spectacle. Comme un fait exprès, coïncident, à quelques minutes seulement d'intervalle, les arrivées des trains de toutes les lignes aboutissant à Toulouse, et notamment des deux principaux, le rapide de Bordeaux (qui remplace les fameux 121 et 181 d'autrefois) et le rapide de Paris; ces deux derniers trains, se suivant depuis Montauban, à distance de block, arrivent archibondés. Aussi, les voyageurs de l'un sont-ils à peine engagés dans la sortie qu'arrivent les voyageurs de l'autre. Résultat : une bousculade insensée qui se renouvelle tous les soirs, sans qu'il soit jamais remédié à cet état de choses.....

Après l'octroi, c'est la foule, très dense, qui attend des permissionnaires ou des blessés, ou n'attend rien du tout : foule composée de parents ou d'amis des arrivants, et surtout de curieux ou d'oisifs. Tout ce monde-là entame des conversations bruyantes et interminables, sur place, entravant ainsi encore plus la circulation.....

Dans les rues, beaucoup de gens, peu affairés cependant. Toulouse, ce n'est pas Marseille avec son mélange de peuples bigarrés de toutes les parties du monde, ni Bordeaux avec son commerce solide. Non, ici, c'est plutôt le « farniente » italien. A Toulouse, il n'y a ni le mistral de Marseille, ni les pluies de Bordeaux. Le soleil est plus fréquent que le mauvais temps, donnant ainsi un air de joie et de rentier au moindre promeneur. Cet hiver pourtant est moins beau que les précédents, mais les quelques averses sont insuffisantes pour arrêter le cortège des flâneurs qui, sans trêve, cherchent les beaux jardins de la ville, le café ou les multiples cinémas, et surtout guettent l'heure du « communiqué officiel ».

De quoi se compose cette foule? La majeure partie sont des étrangers, étudiants en médecine ou en chimie presque tous. Les autres sont des parents de mobilisés en visite ou encore des émigrés, Belges ou du Nord. Beaucoup de ceux-ci ont choisi Toulouse, trouvant la Provence trop éloignée, ou le Bordelais trop encombré par suite de la présence du gouvernement à Bordeaux. Ils l'ont choisie surtout pour elle-même, pour les ressources qu'elle leur offre ainsi que pour les consolations et distractions à leurs malheurs, malheurs que par sa charité inlassable, la population toulousaine a bien atténués.....

Le flegme habituel de ces émigrés, qui n'ont ni la gaieté ni l'entrain des gens du Midi, et que l'image de leurs foyers détruits obsède, contraste fortement avec l'exubérance des étudiants et des jeunes recrues, ces derniers contents de se sentir libres après la soupe du soir.....

Malgré les divers éléments qui composent cette foule, celle-ci n'en est pas moins grouillante, principalement dans la rue « Alsace-Lorraine ». Et dans cette rue (tout comme à Paris le trottoir qui se trouve du côté de l'Opéra et du *Café de la Paix*), c'est le trottoir situé côté Capitole qui est le plus encombré. C'est le rendez-vous de tout le monde : stratèges civils discutant les opérations, gens d'affaires se retrouvant à la sortie du bureau, jeunes gens et jeunes filles en quête de galantes aventures, etc.

Roger de Vivie a d'ailleurs tracé un croquis pittoresque de cette rue Alsace : « Le soleil de midi, dit-il, frappe d'aplomb la rue d'Alsace-Lorraine dont le nom dit nos espoirs et qui, sur les plans cavaliers de la ville, affecte, de la place Matabiau à la courbe du Salin, la forme symbolique d'un sabre. La circulation y est peut-être plus intense depuis que la guerre malaxe et comprime méridionaux et réfugiés. Un embarras m'arrête devant le donjon du Capitole dont le beffroi flamand emprunte enfin quelqu'à-propos. Le pas qu'il faut prendre laisse détailler les étalages. Les magasins de nouveautés empilent, suspendent, chiffonnent les étoffes à carreaux, hommage de nos modes féminines à nos amis d'Outre-Manche. Aux vitrines d'un bazar, toute une papeterie militaire ; un Chanteclerc sur ses ergots ; des cafetières semées d'étendards et chiffrées de cette date encore incommensurable : 1914-1915. Çà et là, des écritoires en obus ; un tigre rugissant sous le casque à pointe ; une carte postale du cru où Joffre fait sortir de leur trou, à la manière patiente et sûre de nos chasseurs de grillons, les longues moustaches de Guillaume ; une autre où un petit Napolitain qui mandoline sous nos fenêtres, cache un renard à l'affût des poules du Trentin. Les gens qu'on rencontre vous jettent au passage les mots d'une même conversation : blessé, disparu, Ypres, Perthes, etc.....

« Saint-Jérôme qui, tout à coup, carillonne, semble ouvrir la vanne au flot des midinettes ; tristes, les pauvres, avec, dans leurs cheveux, quelques menus rubans presqu'inutiles, aux multiples couleurs des Alliés..... » (*Express du Midi*, juin 1915.)

III

La garnison et la troupe : l'habillement; le 23ᵉ d'artillerie ; l' " escadron d'étapes ".

Ce qui frappe le plus, surtout au début de cet hiver 1914, c'est la diversité des tenues militaires ou... cherchant à l'être. Toujours du fait de l'attaque brusquée boche, s'il y a eu la crise des munitions, il y a aussi, pourrait-on dire, la « crise des étoffes ». Les très nombreux contingents de la garnison se promènent, en effet, dans des accoutrements des plus bizarres et des moins homogènes.

Les mobilisés qui ont un pantalon ou une culotte d'uniforme portent un veston civil, ceux qui ont un képi n'ont pas d'effets militaires et inversement. Malgré le froid ou la pluie, heureusement moins sensibles à Toulouse que dans d'autres régions, peu sont munis de capotes ou de manteaux. Ou alors les militaires vêtus de manteaux réglementaires sont des « fils à papa », suivant l'expression adoptée, souvent simples soldats ou canonniers, aussi bien vêtus — quelquefois mieux — que des officiers supérieurs. La plupart de ceux-ci, même ceux qui n'ont pas encore été au Feu, ont adopté la règle du Front de ne plus porter que de minuscules galons : aussi, les méprises sont-elles faciles et fréquentes. Il devient peu aisé, tout au moins à première vue, de discerner l'officier de l'homme de troupe. Le képi bleu horizon se vulgarise de plus en plus, avec galons de même teinte, identique pour toutes les armes ; le manteau d'artillerie devient capote, comme celle de l'infanterie ; les boutons de cuivre eux-mêmes, portant l'insigne de l'arme, grenade ou canons, cor ou cuirasse, disparaissent pour céder la place aux boutons en « corozo » lisses. On ne sait plus, car à ce moment-là les écussons à fond de couleur différente, et les passepoils, ne sont pas encore prescrits, si l'on a devant soi un fantassin ou un artilleur : le fantassin a abandonné le pantalon pour adopter la culotte avec bandes molletières ou guêtres et l'artilleur préfère souvent les bandes à la fausse botte.....

Par les temps pluvieux, les ouvriers peu fortunés ou nos braves campagnards, qui n'ont pu faire l'emplette d'un manteau ou d'une capote et à qui le corps n'en a pas délivré, portent leurs vieux pardessus civils, de la traditionnelle couleur « caca d'oie », des caoutchoucs de couleur indéfinissable, ou des pèlerines râpées, souvent plus courtes que leur veste. Leur tenue jure étrangement avec les amples et trop luxueux vêtements arborés par d'autres.....

Cette mascarade véritable en était arrivée à un tel point que nul document ne le fera mieux ressortir que la note du 13 décembre 1914, dans laquelle le Général Commandant la XVII⁰ Région écrivait ce qui suit :

« J'ai eu le regret de constater que de nombreux militaires se rencontrent en ville dans des tenues plus que fantaisistes. Souliers jaunes, cache-nez, même parfois affublés de pardessus. Ces errements ne tendent à rien moins qu'à donner à nos merveilleux soldats français l'apparence de véritables soldats d'opéra-comique..... »

Et pendant ce temps-là, la préparation militaire se poursuit et les détachements de renfort succèdent aux détachements. Les casernes sont cependant toujours pleines, car les classes 15 et 16 font leur apparition et les vieilles classes sont mobilisées à leur tour, accoutrées de façon de plus en plus fantaisiste, bien qu'habillées maintenant par les corps eux-mêmes : au mois d'avril, pas un homme de troupe n'a un pantalon pareil, objet de première nécessité pour lequel toutes les couleurs de l'arc-en-ciel ont été réquisitionnées; comme vestes on en voit de toutes sortes, jusqu'à des carreaux écossais.....

La vie au « quartier », pour nous qui sommes au dépôt, présente peu d'intérêt, en raison de sa monotonie désespérante. J'affirme cependant qu'elle est toute différente du temps de paix. La discipline est forcément moins rude. Nos jeunes camarades ne se doutent pas du privilège véritable qu'ils ont de « faire leur active » maintenant. Ils ignorent presque les « corvées de casernement », au sens propre du terme, ils n'ont pas la moindre idée de l' « astiquage ». Ils ne se doutent pas à quel point il fallait être reluisant pour pouvoir jadis franchir la porte du quartier !.....

Et les abords des écuries ! Et la propreté des écuries elles-mêmes ! Les escaliers ! Les chambres !..... sans parler des chevaux !..... Tout est balayé et nettoyé, c'est entendu, mais sans comparaison possible avec autrefois. Mille raisons d'ailleurs s'opposent à la possibilité de cette minutie dans la tenue des locaux militaires : l'extrême mobilité des cadres et des hommes, leur renouvellement fréquent ainsi que l'instabilité du matériel lui-même..... Il est bien évident que, malgré la meilleure volonté de tous, la discipline intérieure se ressent de cet état de choses. Les officiers de l'active sont, pour la plupart, aux armées ; ceux qui en sont de retour, blessés ou fatigués, en ont rapporté un peu de ce laisser-aller et de cette indulgence qui découlent de la vie, en contact avec leurs hommes, au milieu du danger, ce en quoi ils diffèrent des hobereaux boches..... ; les autres sont de braves territoriaux, brusquement militarisés et auxquels l'habit militaire dissimule mal leur allure restée « civile »......

J'ai vu, un après-midi, bien avant la soupe, dans la cour du quartier, le spectacle suivant : au poste de police, un groupe d'officiers des batteries de dépôt causant tranquillement en fumant leur pipe ou un cigare ; dans l'allée centrale, notre excellent colonel se promenant avec un de ses amis, pendant que, d'un côté de la cour, un photographe opérait et que, de l'autre, se disputaient plusieurs parties de bouchon.....

Où donc est le temps où, sauf les groupes

qui faisaient la manœuvre ou l'exercice, la cour se vidait comme par enchantement, dès que l'arrivée du colonel ou même d'un commandant était signalée, du plus loin possible, par le factionnaire de la grille?

Notre colonel, le colonel de F. L....., pour des raisons que nous ignorons, nous a quittés brusquement, regretté de tous, car c'était un excellent père de famille. Il n'était peut-être pas assez sévère !.....

Son successeur, par contre, s'attache aux plus infimes détails du service. Il tient surtout à la parfaite tenue des hommes de garde qu'il inspecte minutieusement chaque jour. Combien d'observations n'ai-je pas reçu de lui, très méritées d'ailleurs, à ce sujet! Une seule fois cependant, il m'a assis littéralement : « Pourquoi donc avez-vous un homme qui a une épaule plus haute que l'autre? » m'a-t-il demandé, illusion d'optique certainement, car l'homme en question, un nommé Dupuy, de Fleurance (Gers) — pour ceux qui aiment les précisions — est pourtant un robuste gaillard, bien planté.

Ceci n'empêche que le commandant B..... est, malgré ses soixante-dix ans bien sonnés, un homme intrépide et infatigable. Il n'a qu'un

souci, celui de n'envoyer au Front que des détachements bien instruits, bien formés et bien
équipés. Ces détachements partent-ils à 4 heures
du matin, le commandant ne manque jamais
d'être présent pour leur apporter des paroles
d'encouragement et leur faire ses adieux.....

Le quartier ne se prête pas à la rédaction
d'un journal au jour le jour, mais à côté de la
préparation sérieuse des troupes pour la mission que tous seront appelés à remplir aux
Armées, il y a de petites histoires militaires,
dignes de Courteline, que je ne veux pas
oublier. C'est, par exemple, un officier supérieur apercevant un canonnier avec deux marmites de campement, à quelques pas du quartier, et s'étonnant de le voir dehors, avec ce
matériel, après midi, lui disant :

« Où allez-vous avec ces gamelles ?

— Porter la soupe, mon commandant.

— A qui ?

— A des hommes de garde en ville, mon
commandant. »

Ce loustic a sans doute usé de ce subterfuge
pour passer au corps de garde sans être
inquiété ; aussi lui fait-il poser à terre ses
gamelles en lui disant de lui en montrer le
contenu. Mais le canonnier ne les a pas plus tôt

posées qu'il disparaît rapidement dans une petite rue, laissant sous le nez de l'officier ahuri deux marmites vides que celui-ci dut lui-même rapporter au quartier.....

C'est encore le paragraphe spécial d'une Décision du Quartier, prescrivant « la recherche d'un numéro du *Pêle-Mêle* égaré, appartenant à la Bibliothèque des officiers »...

Dans mes camarades, un vrai « type » à ne ne pas oublier : Saladerré, de la 66ᵉ, revenu du Front avec une seule fesse ; il compense l'absence de l'autre par une ardeur musicale sans pareille. Il joue du cor de chasse, du piston, du trombone, de la flûte, du violon, de la clarinette, du fifre, de la basse, du piano, du hautbois et de la mandoline. Son camarade de chambre, notre ami Cassagne, trouve que les séances musicales se prolongent parfois un peu tard. C'est que, les civils seuls ayant le droit de rester après 21 heures dans les théâtres ou les cafés qui ont un orchestre, nous nous rattrapons en nous offrant une audition de ce véritable « homme-orchestre ». Si ce n'était que cela, ce ne serait rien ! Mais Cassagne n'apprécie que fort peu une autre manie de Saladerré, moins anodine : il lui arrive, pendant la nuit, de tirer des coups de « browning » dans ses draps de lit, sous prétexte de tuer les punaises.....

Puisque je fais allusion à la 66ᵉ batterie, je dirai qu'elle passe pour la batterie modèle, où l'ordinaire en particulier est fort apprécié des hommes. Il est vrai que c'est elle qui reçoit le plus de subsistants de court passage, qui prennent de nombreux repas en ville, ce qui augmente le boni de la batterie : groupes de 90 du 18ᵉ d'artillerie, tringlots, relèves des G. V. C., classe 89 de la Poudrerie, etc... Il est vrai de dire aussi que son maréchal des logis chef S... est un homme actif et très dévoué. Malgré un caractère des plus entiers et un premier abord rude, le chef S... est très aimé des militaires ainsi que des Toulousains dont il est le concitoyen. Sa mémoire surtout est prodigieuse : à un moment donné, la 66ᵉ compte 1.200 hommes; eh bien ! il les connaît tous, individuellement, par leur nom, par classe, sait leur pays d'origine, leur emploi, etc.....

Tenez, comme preuves de cette mémoire, deux faits dont j'ai été témoin : un jour, se présente au bureau de la batterie un nouvel appelé qui s'avance vers lui.

— Bonjour, chef. C'est bien ici le bureau de la 66ᵉ ?

— Bien sûr, mon cher un tel (le nom m'a échappé), lui répond-il en l'appelant par son nom. Vous étiez à telle pièce, de telle batterie, en telle année.

— Mais oui, parfaitement. Comment le savez-vous ?

— C'est que je te reconnais, j'y étais aussi. Comment s'appelait donc le chef de pièce ?

— C'était le maréchal des logis S.....

— Ah oui ! je me rappelle. C'était un phénomène, hein !

— Oh ! pour sûr. Quel gueulard, nom de D.....! Mais il n'y avait pourtant pas meilleur garçon.

— Merci du compliment, mon cher..., car S..., c'est moi.

Et tous deux, qui ne se sont pas revus depuis une quinzaine d'années, se serrent très cordialement la main.

Une autre fois, un autre mobilisé se présente familièrement à lui, en lui tendant la main. Le chef reste impassible.

L'autre s'approche davantage. Même jeu.

— Comment, chef, vous ne me reconnaissez pas ?

— C'est précisément parce que je vous reconnais que je ne vous réponds pas. Vous étiez, à l'époque, un mouchard. F...ez-moi le camp et un peu vite.....

Les Dépôts d'artillerie, le 23ᵉ comme le 57ᵉ, sont toujours fort alimentés. Le 23ᵉ, cet hiver, compte environ 4.000 hommes, dont le va-et-vient est constant. Les sortants et les rentrants se balancent à peu près : aussi l'effectif reste-t-il sensiblement le même. Sans parler des formations propres d'artillleric, batteries de 75, de 90 ou de 120, sections de munitions diverses, des convois de chevaux (arrivés pour la plupart d'Amérique viâ Pauillac) dirigés vers le Front ou les camps d'instruction, Avor et autres, le 23ᵉ reçoit et met en marche des G. V. C., des équipes de cantonniers, des compagnies agricoles et des ouvriers destinés à l'Arsenal, à la Poudrerie ou ailleurs. Parmi les diverses formations que le 23ᵉ a été appelé à constituer, il en est une qui mérite une mention particulière, parce qu'elle restera célèbre dans l'histoire du régiment pendant la guerre. C'est un « escadron d'étapes », dénommé escadron, bien qu'il n'eût pas de chevaux (hormis cependant la monture du capitaine commandant et l'attelage du fourgon).

Cette guerre de tranchées, prolongeant outre

mesure les hostilités, et véritable « guerre d'usure », surtout de l'infanterie, la consommation en fantassins est telle que ceux-ci, dans un grand nombre d'attributions et de formations qui leur incombaient jusqu'alors, sont, au fur et à mesure des nécessités, remplacés par les artilleurs ou les cavaliers. C'est le cas qui s'est produit notamment pour le « Service des Étapes ». Comme les autres régiments d'artillerie de la région, le 23ᵉ eut à fournir son « escadron d'étapes ». Le rôle de celui-ci, dans les débuts, et d'ailleurs tout le temps de son séjour au Dépôt, est encore assez mal défini, mais le capitaine D...., qui fut son premier commandant, se figure que cet escadron n'est qu'une façon transitoire de convertir des artilleurs en fantassins. Cet homme, à l'esprit essentiellement militaire, ayant vécu de longues années aux colonies et démissionnaire de l'armée peu de temps seulement avant la guerre, ne rêve que la tranchée de première ligne ; aussi n'a-t-il qu'un souci : de ces territoriaux qui forment l'escadron, faire une unité de combat de premier ordre. La question de l'habillement est sa première préoccupation : il faut transformer les artilleurs en fantassins véritables, mais ce n'est pas une petite affaire que l'adaptation des effets, puisque les hommes restent artilleurs tout de même. Dix fois leur capote doit être retouchée, la patte du ceinturon se trouve trop haute ou trop basse ; d'ailleurs, même placée à la hauteur voulue, elle cadre mal avec le ceinturon d'artillerie sur lequel le porte-épée-baïonnette est fixe, et non à glissière comme celui de la ligne. Les hommes ventrus — et il y en a plusieurs dans ces braves pères de famille de l'Escadron — ont ainsi, quand l'épée-baïonnette se trouve à sa place réglementaire, la boucle du ceinturon tout à fait à gauche alors que les maigres voient l'inverse se produire. La patte d'épaule, pour le fusil Gras, est une nouvelle complication qui occupe longtemps les charmantes ouvrières de M. Demay, le maître-tailleur du corps. Heureusement pour lui qu'il a de meilleurs clients que l'Escadron.....

Je ne puis rapporter tous les incidents qui marquèrent la mise au point de l'habillement. Mais, après la question de la patte d'épaule, ce fut celle du sac, puis celle des cartouchières, des bretelles de suspension qu'alternativement on allongea, on raccourcit, on tailla, on coupa, on doubla, etc., etc.

Bref, l'Escadron, créé dans le courant du

mois de décembre, est avisé de son départ pour le 1ᵉʳ janvier. Les scribes du bureau du Commandant-major passent la nuit blanche pour parachever les écritures nécessitées pour sa mise en marche, les permissions du premier de l'an sont supprimées et, après ces divers préparatifs, l'Escadron..... ne part pas ! Il n'est même plus question du tout de départ.

Son capitaine, désolé, se console vite en inaugurant toute une série de manœuvres et d'exercices d'infanterie. Certainement les classes de l'active de l'infanterie n'en ont jamais fait de plus compliquées ni de plus nombreuses : marches-manœuvres, tirs, — avec concours et classement[1], — école de compagnie, marche rampante par tous les temps et dans les terrains les plus détrempés, constructions de tranchées, étude de l'emploi du périscope, escorte et défense de convois, attaques de cavalerie, constitution d'avant-gardes et de petits postes, etc., etc. L'Escadron part avant le jour, rentre parfois plusieurs heures après la soupe, défilant en ville au son des trompettes, en tenue de campagne, sac avec le chargement

---

[1]. Du résultat du tir à Pech-David dépendaient les permissions.

complet, avec, dans la colonne, son fourgon et son cycliste.

Quand l'Escadron défile en ville dans la direction de la gare, les bonnes vieilles pleurent, croyant à un départ pour le front, et on les entend parfois murmurer : « *Moun Diou ! Lous praouots ! Bésets ! N'y a de vieils*[1] ! »

Tandis que d'autres — assez nombreuses — disent : « *Es pas trop lèou qu'aquellis parten ! Lou miou y es bien*[2] ! »

Quand l'Escadron ne sort pas, il ne reste pas inactif au quartier. Loin de là ! Il y a l'instruction théorique, les cours, les conférences, et même l'interrogatoire des hommes par le capitaine lui-même. Il leur donne des notes et ceux qui répondent bien, comme les bons tireurs, bénéficient de vingt-quatre heures de permission le dimanche suivant.

Le reste du temps est partagé entre les revues d'armes, d'effets, et l'exercice dans la cour. Celui-ci comprend l'école à pied, la gymnastique d'assouplissements, le saut en hauteur, en largeur, et toutes les autres parties

---

1. « Mon Dieu ! Les pauvres ! Regardez comme il y en a des vieux ! »

2. « Ce n'est pas trop tôt que celui-là parte ! Le mien y est bien ! »

de l'instruction et se termine régulièrement par une furieuse charge à la baïonnette dans la cour.

Cette charge est attendue avec impatience par tous les hommes présents au quartier et, l'heure venue, les fenêtres sont garnies de curieux qui assistent au spectacle. Pour cela, l'Escadron se déploie tout entier en tirailleurs dans toute la longueur de la cour et, sans s'occuper des différentes unités qui manœuvrent, se précipite en deux lignes lancées l'une contre l'autre, au signal donné par le capitaine lui-même, en poussant des hurlements terribles où l'on distingue quelques mots tels que : « Berlin, Braqueville, la classe..... » Ces charges sont une joie pour les jeunes soldats qui font chorus avec les « vieux de l'Escadron », d'où il résulte, pendant quelques secondes, une clameur immense dans le quartier, telle qu'il ne s'en sera certainement jamais entendue de plus forte sur la ligne de Feu elle-même.....

Un beau jour, navré de ne pouvoir, avec ses propres cadres, arriver à constituer son Escadron en une unité de combat aussi parfaite qu'il le désirait, l'excellent capitaine imagine de faire appel à un capitaine d'infanterie qui maintenant préside lui-même aux manœuvres. Celles-ci se compliquent de plus en plus, la soupe se mange de plus en plus tard et les hommes, tout comme les lieutenants et les sous-officiers de l'Escadron eux-mêmes, se demandent si cette vie va durer longtemps. Mais voilà qu'un matin, après avoir fait de la marche rampante par un temps particulièrement mauvais, les hommes rentrent tellement sales au quartier, leurs effets de drap tout maculés de boue, que l'attention du commandant T... en est attirée. Les voyant rentrer fourbus et dans un tel état, il appelle aussitôt un des gradés de l'Escadron.

— D'où venez-vous ainsi avec ce sale temps ?

— Du terrain de manœuvres voisin du parc des sports, mon commandant,

— Mais quelle diable de manœuvre avez-vous bien pu faire avec cette pluie ?

— De la manœuvre d'infanterie, mon commandant.

— Qu'est-ce qui vous prend maintenant de faire de la manœuvre d'infanterie ?

— C'est le capitaine qui l'a faite faire par un capitaine d'infanterie, mon commandant.

— Qu'est-ce que c'est que ce capitaine d'infanterie ?

— Je l'ignore, mon commandant.

— Vous ne l'aviez jamais vu, ce capitaine ?

— Pardon, mon commandant, voici déjà plusieurs jours qu'il nous commande.

— Eh bien, dépêchez-vous de faire rompre vos hommes et envoyez-moi votre capitaine dès qu'il sera rentré au quartier.

— Bien, mon commandant.

Quelques instants après, le capitaine arrive et, avisé de la convocation du commandant T..., y courut, selon son habitude, les coudes au corps et au pas gymnastique.

— Dites-donc, D..., il paraît que vous avez un capitaine d'infanterie maintenant pour commander l'Escadron ?

— C'est-à-dire, mon commandant, que je l'ai prié de vouloir bien montrer à mes hommes les différents mouvements pratiques et usuels en campagne.

— Doù sort-il ce capitaine ?

— Il est du 168ᵉ, mon commandant.

— 168ᵉ ? Connais pas. Et qu'est-il venu faire à Toulouse, ce capitaine ?

— Il est blessé, mon commandant.

— S'il est blessé, il n'a qu'à se faire soigner.

— Mais il va miéux, mon commandant, il est presque guéri.

— Alors il n'a qu'à retourner au 168e, s'il est guéri, commander ses fantassins et laisser nos artilleurs tranquilles.....

Le résultat de cette conversation fut que l'Escadron ne fit plus désormais de ces marches fatigantes et fut occupé, jusqu'à son départ pour le Front, presque uniquement au service de place.....

Depuis ce jour, d'ailleurs, le capitaine D..... est absorbé par une invention à laquelle il travaillait depuis quelque temps et sur l'objet de laquelle personne n'a jamais rien su. L'Escadron étant maintenant absorbé par les gardes, le capitaine loue en ville un laboratoire où il passe presque tout son temps. Ayant demandé à partir au Front, il obtient bientôt satisfaction, et quitte Toulouse pour Charenton où il va prendre le commandement d'une batterie d'artillerie coloniale.

Parti pour les armées à la tête de celle-ci, il n'a pas tardé à recevoir le quatrième galon, juste récompense de son activité et de ses mérites.....

Quant à l'Escadron, il est devenu, sous le commandement de l'excellent lieutenant G..., aujourd'hui capitaine, déjà blessé au Front, la 81e batterie, et quitte Toulouse à son tour le 2 août 1915.

Il est maintenant passé au 11e d'artillerie à pied et construit des voies de o m. 60 dans les secteurs d'attaque. Son sang a coulé avec abondance déjà, notamment à Verdun.....

Je noterai, pour mémoire, le 14e d'infanterie, caserne Niel, où ont lieu toutes les parades d'exécution, et centre d'instruction des mitrailleurs de la région. Pour ce motif, y sont en subsistance de très nombreux sous-officiers et hommes de toutes armes. Ces différents éléments se renouvelant fréquemment et n'ayant guère le temps de faire connaissance, ont prêté à certains abus dont je signalerai le suivant : au mess des sous-officiers, de simples soldats, affublés d'un petit bout de galon quelconque, se faisaient servir à dîner sans bourse délier. On s'en est aperçu un jour où le nombre des repas servis dépassa de beaucoup le nombre des sous-officiers..... Pour remédier à cet état de choses, on délivra des cartes individuelles sans lesquelles dorénavant aucun repas ne pouvait plus être servi.....

Je terminerai ces quelques notes sur la troupe, en disant un mot des lettres anonymes.

Si la majorité de la population est sympathique au soldat, il y a la fâcheuse exception ; celle-ci se trouve précisément chez certaines gens que la guerre touche le moins. Il paraît que le Quartier-général et aussi les chefs de corps sont inondés de lettres anonymes, dénonçant, plus souvent à tort qu'à raison, des militaires de tous grades..... Il y a même des lettres soignées ; j'en ai eu une entre les mains, concernant un des hommes de ma pièce, dénoncé par un de ses voisins, non mobilisé, comme allant coucher chaque soir à Aucamville, à la porte de Toulouse. Quel crime ! Le canonnier Andrieu — je le nomme — est un soldat modèle et, comme marié, il est dûment autorisé à coucher en ville. Evidemment, à la lettre, il ne doit pas franchir la barrière, mais Aucamville est moins éloigné du 23ᵉ que certains quartiers de Toulouse, et Andrieu n'a jamais manqué à un appel.

Mais, en allant coucher chez lui, il fait un mal immense, celui de..... travailler sa petite propriété qui ainsi, malgré qu'il soit mobilisé, est en très bon état, tandis que celle de son dénonciateur, moins vaillant, est très mal tenue.....

IV

Les Embusqués.

« Dans un de ces wagons, j'aperçois deux silhouettes qui m'attirent. Magnifiquement fripés, déchirés et boueux, ce sont deux vrais poilus hirsutes. L'un tire sur une grosse pipe. L'autre, dont la tête est entourée de linges blancs, mâchonne une grappe de raisin. Je m'approche de ces deux soldats aux héroïques guenilles. J'avais mal vu. Tous deux portent sur la manche trois petits crans dorés : ce sont des capitaines.

« O jolis mobilisés de l'arrière, si vous aviez pu contempler, comme moi, ces deux hommes si grands par la misère de leur accoutrement, vous renonceriez aisément aux poches à plis et aux élégantes martingales. Le « vrai chic » pour un soldat, le voici. Et le langage de ces deux chefs n'est pas moins exemplaire que leur tenue.

« Ils me content l'assaut en termes brefs, tout
nus, tout vrais.....[1] »

L'auteur de l'article *Impressions du Front*,
d'où provient cet extrait, emploie une expression pittoresque et bien douce pour désigner
les « embusqués ». Il les appelle « jolis mobilisés de l'arrière ». Moi, puisque le mot a été
lâché depuis longtemps, puisqu'il existe, puisqu'il « a cours » je les appellerai par leur
nom : embusqués.

Permettez-moi cependant, avant d'entamer
cette question si délicate, d'ouvrir une paren-
thèse. Je rappelle, pour mémoire, que les services de l'arrière ont la même importance que
ceux du Front ; les Dépôts sont nécessaires
pour alimenter le Front ; les ouvriers des arsenaux et des poudreries sont aussi utiles à la
défense nationale en fabriquant poudre et
munitions que ceux qui les emploient ; les
cheminots[2] et les postiers sont bien à leur
place, mobilisés dans leur emploi, et il faut
des médecins et des infirmiers dans les hôpitaux de l'arrière. Il faut des hommes dans les
services également importants de l'Intendance.

1. Edourd Helsey, *Journal*, 1er octobre 1915.
2. *Les Cheminots et la Guerre*, du même auteur, en
vente chez Privat.

Mais précisément, à côté de ces hommes spécialisés dans les différents services et qualifiés les uns par leur âge, les autres par leur état de santé, d'autres enfin par leurs aptitudes et leurs connaissances professionnelles, combien y en a-t-il qui ont cherché et cherchent un de ces emplois uniquement pour ne pas partir au Front, qui est pourtant bien leur place. Ce sont ceux-là seuls dont je m'occupe ici : il n'y aura donc aucune confusion possible.

Si l'on peut établir des distinctions entre les différents embusqués, on peut alors les ranger en deux catégories : les embusqués civils et les embusqués militaires.

L'embusqué civil est le type qui, mobilisable, n'est pas mobilisé, soit qu'il ait pu obtenir des complicités, soit qu'il ait, au contraire, pu faire des dupes et faire croire à des cas de réforme authentiques, alors que ces cas ne sont que des simulations habiles. Il y en a pas mal, et, à Toulouse, on se les montre du doigt, car ils ne craignent cependant pas de s'afficher en public et même de faire étalage de leur bonne fortune. On les plaint plus qu'on ne les envie, car, à l'époque tragique que nous vivons, l'honneur n'appartient qu'à celui qui fait son devoir, et non à celui qui s'y soustrait.

L'embusqué militaire est bien plus nombreux et plus difficile à discerner. Il y en a deux sortes : celui qui, étant du service armé, accumule combinaisons sur combinaisons pour ne jamais quitter le Dépôt ou le quitter le plus tard possible, et celui qui, mobilisé, trouve le moyen, sans être « spécialiste » le moins du monde, de se faire spécialiser dans tel ou tel emploi. C'est ainsi que dans les débuts, mais on y met peu à peu ordre, les arsenaux et les différentes usines travaillant pour la guerre embauchent des individus n'ayant pas la moindre notion du travail qu'ils sont appelés à fournir. Ceux-là sont des criminels, qui ont accepté une telle responsabilité. Et combien d'entre eux sont-ils cause, par leur nullité, de tant d'accidents où la mort a frappé des soldats français, par suite des malfaçons inévitables qui en résultent? Le mauvais calibrage des obus et de multiples autres raisons, provenant de la défectuosité de cette main-d'œuvre non appropriée, ont souvent provoqué des éclatements prématurés qui, au lieu d'atteindre l'ennemi, ont semé la mort dans nos rangs.....

Dans les embusqués militaires, j'ai connu pas mal de soldats, versés dans l'auxiliaire par protection, ou employés dans certains bureaux où ils se croyaient inamovibles, qui étaient dans les transes et ne vivaient plus, perdant sommeil et appétit à chaque circulaire prescrivant une visite ou une contre-visite ou définisssant leur utilisation.....

Dans le Dépôt, combien d'hommes sont répartis incomplètement guéris, alors que des camarades, plus jeunes, se sont arrangés pour prolonger le plus possible leur éloignement du Front. Et tous les trucs employés par beaucoup pour faire croire à leurs amis qu'ils se trouvaient cependant au Front !

Témoin l'un d'eux qui, après avoir préparé une grande quantité de cartes racontant des exploits fantastiques, se fit désigner pour accompagner au Front un convoi de chevaux et en profita pour jeter ces cartes dans les différentes boîtes aux lettres qu'il trouva dans la zone des armées !

Et que d'exemples de cette sorte, réellement trop tristes pour insister dessus davantage.....

Cependant, à Toulouse comme ailleurs, on est trop enclin à voir des embusqués partout. Il est vrai qu'il est souvent difficile de distinguer un embusqué de celui qui ne l'est pas. Un air bien portant et pas de blessure apparente suffisent à vous faire jeter cette épithète en pleine figure. Un jour, dans un tram, j'entends derrière moi cette phrase, prononcée par une femme qui allait faire son marché : « *Dé qué faï aïci aquel? A poou de perdré sa graïsso en anén aou Frount[1]?* » Une autre fois, étant de planton à la gare Matabiau, empêchant une femme de passer sans titre aucun, à la demande de l'employé de service, celle-ci de s'écrier : « Vous feriez mieux d'être au Front que d'être là à nous em... bêter. » C'est précisément parce que j'avais été au Front que j'étais là, mais dans un cas comme dans l'autre, je me gardais bien de répondre, cela ne changeant rien à la chose. On voit, par ces exemples, quelle est l'idée dominante partout, à la vue d'un homme ayant tous ses membres : « Mais, que fait-il ici, celui-là? » C'est le refrain.

S'il y en a qui ne se plaignent pas des embusqués, ce sont certainement les tailleurs à en juger par les belles tenues que l'on croise à chaque instant, surtout parmi les sectionnaires.

De ceux-ci, il est bien évident qu'il en faut. Sans eux les services de l'arrière ne fonction-

---

1. Que fait ici celui-là? Il a peur de perdre sa graisse en allant au Front?

neraient pas. Mais en faut-il un nombre aussi considérable que celui que l'on voit à Toulouse, et surtout un nombre aussi considérable qui sont — ou qui paraissent — inoccupés? Les terrasses des cafés, — aux heures autorisées par la réglementation du général commandant la XVII° région, évidemment, — les promenades, les squares, les trottoirs des boulevards, les jardins publics, les théâtres et tous autres lieux publics, sans oublier, bien entendu, la fameuse rue d'Alsace-Lorraine, en regorgent. Ce ne sont pourtant ni des plus âgés ni des moins robustes. Que le hasard les ait favorisés, soit! Mais alors qu'ils aient la pudeur de se cacher et qu'ils n'étalent pas avec cynisme, aux yeux des parents des combattants du Front et des blessés de retour au Dépôt ou en traitement dans les formations sanitaires de la ville, les avantages de leur situation privilégiée! Comme je l'ai déjà dit, ce sont eux précisément qui s'affichent avec des vareuses aux multiples poches, poches pourvues encore de plis plus multiples, avec martingales, faux-cols de girafe, etc., etc. La fantaisie ne gêne pas ces Messieurs : je verrai toujours l'un d'eux, beau et solide gaillard d'une trentaine d'années à peine. Il portait un képi magnifique, doté d'un liséré dont le blanc était si exagéré comme teinte et comme dimensions que pendant longtemps je l'ai salué, le prenant pour un sous-lieutenant de cavalerie ou pour un officier d'administration. Un beau jour, étant planton à la tenue à la gare Matabiau, je m'aperçus de ma méprise. Ce brillant officier était un simple « riz, pain, sel » que je menaçai de conduire à la Place si je le rencontrai de nouveau dans cette tenue. Je n'ai plus revu cet éblouissant personnage ni son képi.....

Il paraît que depuis on a « débusqué » tous ces guerriers de l'arrière. On a peut-être eu tort. Si robuste et si solide que soit un homme, quand celui-ci se refuse à payer de gré l'impôt du sang au moment où son pays, « la France », se trouve lancé dans une guerre aussi populaire et nationale, où elle n'agit qu'usant de son droit de légitime défense, eh bien, cet homme, envoyé de force au Front, n'y fait qu'un mauvais soldat la plupart du temps. Il a vite fait d'encombrer les ambulances au moindre bobo ou de décourager par son manque d'entrain et sa frousse les vrais « poilus » ses camarades.

Il faut cependant, en matière d'embusquage, être très réservé et ne porter de jugement qu'à

coup sûr. L' « embuscomanie » sévit à Toulouse comme ailleurs ; j'y ai déjà fait allusion.
Moi-même, que les embusqués laissent bien
froid, je me reproche encore un jugement
porté trop hâtivement dans les circonstances
suivantes : je me trouvais un jour au théâtre
des Variétés où l'on donnait « Durand et
Durand[1] » ; deux rangs devant moi, aux
fauteuils d'orchestre, se trouvaient cinq ou six
jeunes militaires, pleins de santé, à la mine
fraîche et réjouie, très exubérants, peut-être
même un peu trop. Un des camarades avec
lesquels je me trouvais me dit : « C'est tout
de même honteux de voir des poilus solides
comme ceux-là et jeunes, quand tant d'autres
souffrent dans les tranchées, venir faire du
pétard ainsi dans les théâtres » ; — à ce
moment-là les permissions du front n'exis-
taient pas encore. — Je partageai son avis et
n'y fis plus attention, lorsque, pendant l'entr'acte, nous constatâmes avec stupeur, et presque les larmes aux yeux, que nos joyeux soldats
de tout à l'heure étaient au contraire de malheureux amputés d'une jambe ! Certes, ils y avaient
bien droit, au contraire, à se divertir ; ils avaient

1. Jeudi 25 février 1915.

bien chèrement payé leur tribut à la guerre ;
et, à cette vue, c'est nous qui ne nous trouvâ-
mes pas à notre place à côté de ces glorieux
mutilés.

V

Cafés et restaurants. — Les théâtres. Les tramways.

J'ai déjà parlé de la gare et des rues, principaux canaux de la circulation ; je vais maintenant suivre un peu cette foule dans les
différents endroits où elle se réunit, où elle
cause, où elle mange et où elle se divertit.

Ce sont d'abord et surtout les cafés. Toulouse en a de nombreux et de très beaux. Tout
comme en temps de paix, les officiers fréquen-
tent de préférence l'*Albrighi* ainsi que les
soldats « chics » ; la *Comédie*, les *Américains*,
le *Lafayette* ont également la même clientèle,
— bien entendu, aux heures seulement que
permet l'autorité militaire, c'est-à-dire de
17 à 21 heures ; — les officiers seuls ont le
droit de rester jusqu'à la fermeture : l'élément
militaire fait foule également au *Café Paul*,

célèbre par ses innombrables billards ; les sous-officiers d'artillerie ont un faible pour le *Barrié* où le café est excellent et l'orchestre au-dessus de tout éloge, magistralement dirigé par M. Baron. Je ne sais pourquoi le *Sion*, malgré son cinéma, est celui qui m'a semblé le plus désert. Peut-être la musique du *Barrié* a-t-elle distrait ses clients ! Ceux-ci sont principalement des étudiants, mais presque tous étrangers, les nôtres étant sous les armes pour la plupart. Les amateurs de bonne musique auront mauvais souvenir de ces étudiants étrangers car, au milieu des plus belles auditions, ils n'interrompaient leurs parties de cartes que pour s'invectiver violemment, se traitant parfois de « grecs » (ce qui dénotait une certaine ironie, n'est-ce pas ?) Un café très bien tenu et très en vogue aussi est le *Cristal*, où le service est des mieux faits. Je ne fais ces réflexions que sur les cafés où j'ai eu l'occasion de me rendre et d'observer, et si j'en parle, ne croyez pas que je suis payé par eux pour faire de la réclame, au détriment des cafés que je ne nomme pas, encore nombreux et tout aussi confortables. Je ne parle pas des innombrables petits cafés avoisinant les casernes. La « Grande cave », la « Petite cave » et consorts, ne désem-

plissent pas et ses braves troupiers profitent de
ce que le « pinard » — pardon, le vin — est
à o fr. 25 et o fr. 3o le litre pour prendre, le plus
souvent qu'ils peuvent, une cuite à bon marché, cuite innocente et simplement gaie, avant
d'aborder la région où, en outre de marmites à
l'œil, ils trouveront le « pinard » à o fr. 8o et
plus. (Ne croyez pas pour cela que les cantines
du quartier sont vides. Leurs patrons auraient
bien voulu avoir les locaux doubles, car il faut
faire queue pour y être servi.) L'élément civil
est représenté partout et partout de la même
façon: vieux habitués qui ronchonnent quand
ils trouvent leur place prise ; ou, alors, gens des
pays envahis, Belges et du Nord, qui lient
facilement conversation avec les soldats, surtout avec ceux qui reviennent du Front. Le
moindre détail sur l'état de telle ou telle localité voisine de chez eux les intéresse et cela
se conçoit, les malheureux aiment à causer de
leur petite patrie momentanément en « Bochie
provisoire ». Les conversations sont à peu
près toutes les mêmes et vous les connaissez
tous. Il n'y a que deux sujets : la galanterie,
si la compagnie s'y prête — cas très fréquent — et la guerre. On parle cependant
trop de celle-ci et le « poilu » est exaspéré par

les discussions interminables d'un tas de phénomènes qui se sont du jour au lendemain révélés comme des stratèges remarquables...

Les restaurants sont archi-combles également : on s'amuse quelquefois bien chez *Michell's*; on boit de bons vins au *Lafayette*; on a une cuisine des plus fines chez *Tivollier*, sans parler, bien entendu, du *Baichère*. Mais on ne peut pas, surtout en temps de guerre, faire la bombe tous les jours. Aussi trouve-t-on de bons restaurants accessibles à toutes les bourses. Comme pour les cafés, je ne puis citer que ceux que je connais : le *Rosbif* avait mes faveurs. Le patron n'est pas d'Aiguillon pour rien ; aussi connaît-il la bonne cuisine. Il peste souvent, c'est son seul défaut. Mais ses clients ne lui gardent pas rancune, car c'est toujours plein chez lui. Il pourrait appeler son restaurant *Cosmopolite Restaurant* car il a surtout des étudiants étrangers, dont le plus grand nombre sont des Espagnols. A un moment donné, j'ai vu le même soir chez lui des Bulgares, des Roumains, des Polonais, des Russes, des Italiens, un Portugais et des Espagnols. Parmi les Italiens, j'ai eu l'agréable surprise de retrouver un sous-lieutenant de notre sœur latine que j'avais rencontré à

Naples deux ans avant. C'est au *Rosbif* que je me suis surtout rendu compte de l'intérêt que portent les étrangers à la guerre. Les journaux paraissent à l'heure du repas du soir, vers 19 heures, et ces étrangers s'y jettent littéralement dessus, achetant toutes les éditions successives, pour entreprendre ensuite, dans une cacophonie des plus curieuses, des discussions très animées sur les récents événements. Que pense ce monde-là ? On n'en sait rien. Malgré leurs protestations, je me suis rendu compte que la majorité des Espagnols présents, si elle ne nous est pas hostile, ne verrait cependant pas d'un mauvais œil une victoire de l'Allemagne. Mais il faut l'excuser : la Presse espagnole est tellement germanophile et les faits sont si habilement travestis dans leurs colonnes ! Je regrette de ne pas avoir conservé un article des plus violents paru dans *El pueblo* contre l'entrée en scène à nos côtés de l'Italie, montrant jusqu'à quel point la fureur boche s'est manifestée et traduite en Espagne. En substance, il était dit dans cette diatribe que l'Italie était félone et que tout individu qui se respectait devait à tout jamais renier ce peuple parjure à sa parole, etc., etc. Evidemment, évidemment : le Boche a toujours raison.

Le Portugais est plutôt sympathique ; peut-être est-ce par pure manifestation républicaine, par sympathie pour le régime? Les Bulgares ont de drôles de têtes : l'un d'eux a d'ailleurs été arrêté avant d'avoir pu s'esquiver. Ne parlons pas des sujets de la reine Sophie !

Le Docteur polonais s'est embauché dans nos hôpitaux et paraît sincère dans son amour de la France, etc.

Je n'insiste pas sur ces figures, qui sont celles de commensaux avec lesquels j'ai souvent lié conversation sous l'œil bienveillant de Mmes Alhiet, qui, du haut de leur comptoir, s'amusaient follement de m'entendre causer, toutes plus mal les unes que les autres, trente-six langues. Je reviendrai plus loin sur la question des étrangers.....

Un lieu de réunion des plus caractéristiques, c'est le théâtre. Celui-ci fonctionne à Toulouse d'une façon aussi normale qu'en temps de paix, depuis le grave et majestueux *Capitole* jusqu'au music-hall désopilant des *Nouveautés*, en passant par les *Variétés*, l'*Apollo* et le *Lafayette* ; ces deux dernières salles sont transformées en cinémas, très bons tous les deux, mais donnent parfois des concerts vocaux ou quelques petites représentations. De quelque sujet qu'il s'agisse, opéra, opérette, drame, comédie-bouffe ou autre, il y a affluence et il faut se présenter à l'avance pour être bien placé. Deux faits font ressortir nettement la différence des théâtres de Toulouse pendant la guerre : le premier, c'est la tenue du public. Autant le public toulousain est bruyant dans ses manifestations, autant il il est attentif et silencieux pendant que les acteurs chantent, et cela dès que la première mesure de l'orchestre retentit. Eh bien ! ce n'est plus cela ; l'orchestre joue, les acteurs chantent et le public actuel cause, tousse, se mouche, se remue. Cela provient évidemment de ce que ce n'est plus le même public : le toulousain, du plus modeste ouvrier au plus grand personnage, aime et connaît la bonne musique, mais ce public est dispersé par la guerre et, en somme il y a peu de Toulousains au théâtre. Les uns sont donc absents, au Front ou ailleurs, les autres sont absorbés par leurs affaires et n'ont pas le temps de se distraire : ils sont remplacés par les militaires en grande partie et aussi par tous les émigrés dont j'ai déjà parlé, sans tenir compte des étudiants.

Le second fait est le patriotisme qui se manifeste à chaque représentation et dans chaque théâtre. Aux entr'actes, les hymnes nationaux

des Alliés sont écoutés debout, tête nue, par
l'assistance entière qui en salue la fin par des
applaudissements toujours aussi nourris qu'aux
premiers jours. La « Marseillaise » est fréquemment chantée, également avec succès,
non moins que la « Brabançonne ». Ce qui est
bizarre, c'est la bigarrure des programmes qui
mêlent les chansons patriotiques et les chansons grivoises, notamment aux *Nouveautés*,
où l'on entend les choses les plus salées. Nous
avons eu le plaisir d'y applaudir de nombreux
artistes belges, qui ont obtenu le plus légitime
succès. Pour ma part, j'ai fait une cure de
théâtre pendant mon séjour à Toulouse et j'en
conserve soigneusement les divers programmes, car si dans quelques années d'ici quelqu'un émet des doutes sur la réalité d'une vie
aussi normale à Toulouse pendant la guerre,
j'aurai vite fait de le convaincre en les lui
montrant.

A titre de mémoire, je rappellerai un très
léger incident qu'un patriote zélé, mais un peu
pressé, provoqua le vendredi 26 février 1915
aux *Nouveautés*. La gracieuse Mademoiselle
« Kariola » attaquait le refrain « On dansait le
tango » d'une chanson maintenant bien connue, quand ce personnage, un officier supé-

rieur, paraît-il, — habillé en civil, — se leva
soudain des fauteuils d'orchestre en criant :
« C'est pas vrai ! vous n'avez pas le droit de
chanter cela ! Vous salissez la France. » Le
public se montra intelligent, il ne manifesta ni
dans un sens ni dans l'autre, préférant attendre
pour cela la fin de la chanson. Celle-ci montrait que si, pendant que les Boches préparaient
leur lâche agression, la France dansait le tango,
elle montrait par contre combien vite fut lâché
celui-ci et avec quel courage et quelle union
les Français surent refouler l'envahisseur !
C'était donc très bien, aussi au dernier couplet
ce furent des hourras frénétiques pour « Kariola » qui dut le rechanter trois fois de suite,
et des sifflements prolongés à l'égard de ce
Monsieur.....

Je ne puis citer tous les artistes que j'eus le
plaisir d'entendre et d'applaudir, mais je men-
tionnerai cependant l'ineffable Saint-Léon aux
Variétés, le plus populaire de tous, remar-
quable surtout dans « la Présidente », et le
désopilant Chevalier, régisseur des *Nouveautés*,
dans ses rôles de comique troupier (« Amé,
amé, amé..... »).

Je croirais manquer à tous mes devoirs si je
ne faisais une place ici aux tramways de Tou-

louse. Cet ouvrage étant destiné aux Toulousains surtout et à ceux qui ont vécu à Toulouse pendant cette guerre, il est donc inutile de faire la description de ces tramways. Tous en connaissent les avantages : aménagement intérieur très pratique, agréables à l'œil par la sobriété de leur peinture et l'absence de toute réclame, — voyez Bordeaux, — leur vitesse suffisante, leurs nombreuses lignes de banlieue, etc. Tous connaissent aussi leurs inconvénients : absence d'un tour de ville, pas de correspondances, paiement de sa place sans recevoir de billets, etc.

Je veux simplement noter trois faits qui pour eux marquent cette période : la générosité de leur sympathique directeur, M. Pons, dans toutes les œuvres de guerre ; le personnel que les nécessités de la guerre lui ont en partie imposé ; enfin « le trafic des billets de tramways ».

M. Pons fait, pour son personnel, ce que beaucoup de grandes Sociétés ou de grands industriels n'ont pas fait. Il verse à ses agents mobilisés des mensualités proportionnelles à leur temps de service chez lui, en tenant compte également des charges de famille de chacun d'eux. J'ai eu sous les yeux les chiffres

des sommes qu'il affecte ainsi à ses servi-
teurs dévoués, ainsi que les modalités diverses de répartition. Je ne rentrerai donc pas
dans le détail ; qu'il me suffise de signaler
le fait. Le Directeur et propriétaire des tramways de Toulouse ne borne pas sa générosité à
l'égard de son personnel. Il l'étend également
aux blessés. D'abord, il met gratuitement à la
disposition des autorités intéressées ses meil-
leures voitures qui, sans secousse, apportent
directement de la gare Matabiau aux divers
hôpitaux de la ville desservis par ses lignes
électriques les blessés descendus des trains
sanitaires. Il accorde ensuite, en maintes circonstances, la gratuité du parcours à ces
mêmes blessés. Tout cela sans tenir compte de
sa participation directe et pécuniaire dans les
différentes souscriptions et adhésions aux
œuvres de guerre, publiques ou privées.....

Par contre, il a actuellement un personnel
de fortune qui ne comprend pas ses devoirs,
pas plus vis-à-vis de son Directeur que du
public. Tous ceux qui auront vu certains de
ces gamins en sabots ou en espadrilles, sales,
déguenillés, et grossiers comme du pain K K,
se le rappelleront longtemps. Je m'empresse de
noter que tous les employés actuels de M. Pons

ne sont pas ainsi ; même parmi cette jeunesse,
il y a des wattman et des conducteurs très propres et très corrects. Il y a également les repré-
sentants non mobilisés du personnel d'avant-
guerre. Mais les autres ! Vous voyez des Espagnols en grand nombre, le cou entouré d'un
foulard aux couleurs extraordinaires ou le plus
souvent d'une couche épaisse de crasse, ou
alors de jeunes indigènes du pays ou des environs, moins sales de leur personne, mais tout
aussi peu soigneux que les Espagnols des auto-
motrices qui leur sont confiées. Les excès de
vitesse sont fréquents, les tamponnements
aussi : c'est ce qui a provoqué la violente diatribe du *Quatrième Etat*, journal d'actualité
dont je parlerai plus loin, contre les tramways
de Toulouse : « Ceux-ci, dit-il en substance,
constitueraient de merveilleux engins de des-
truction contre les Boches. » Aussi demande-
t-il qu'ils soient expédiés au Front. Néanmoins
les wattman, en raison du danger qu'il y a de
confier à n'importe qui la conduite d'un car
électrique dans une ville où la circulation est
aussi intense qu'à Toulouse, semblent avoir
fait l'objet d'un tri plus sérieux que les conducteurs. Beaucoup de ceux-ci vous bouscu-
lent, vous refusent la monnaie, non sans au

préalable avoir encaissé votre pièce ou votre coupure de la Chambre de commerce, lâchant de gros jurons au cours de la conversation qu'ils entreprennent avec chaque voyageur, s'interpellent d'une voiture à l'autre en sifflant bruyamment, etc. Le plus amusant est d'écouter leurs confidences qu'ils n'ont même pas la pudeur de se faire à voix basse :

— Dis, eh, Louis, j'ai fait l'apéro à ce voyage. Tu parles : cinq descendants et trois montants devant le 57.

— Bé et moi, hier, j'ai fait sauter six places sur Blagnac !

— A Bayard, rien à faire, le vieux a l'œil. Heureusement que X....., à Arnaud-Bernard, est malade. Le vieux qui le remplace, tu lui f...lanques une autre ligne que celle de ton voyage et il n'y voit que du bleu. Il m'a valu 38 sous hier, rien que dans l'après-midi !

— Tu finiras par te faire b...alancer avec ton fourbi. Tu te dém...ènes trop !

— *Risquan pas rés, m...acanique* (mot très en faveur à Toulouse), *lou patroun a bésoun de nous aoutrés*[1], etc., etc.

1. Nous ne risquons rien, le patron a besoin de nous autres.

Que d'argent ces gamins ont fait sauter !
C'est inimaginable. Il n'y a qu'à en juger par
le nombre d'apéritifs qu'ils prennent à tous les
terminus, ainsi que par les cigares qu'ils ne
cessent de fumer, — même à l'intérieur des
voitures où cela est interdit ! — De plus, les
cinémas et théâtres sont envahis par eux ; on
les reconnaît aisément à la casquette tout à
fait caractéristique de la Compagnie, seul insigne exigé d'eux actuellement. Quelques-uns
ont simplement sur leur « jockey » ou le
ruban de leur chapeau les deux lettres de
cuivre O. T. réglementaires.

Celui qui connaît le fonctionnement du contrôle sur les tramways où le voyageur (à l'ins-
tar des omnibus de Paris de jadis) est « sonné »,
ce qui remplace le ticket de place, n'a qu'à observer la manière de procéder de ces peu scru-
puleux conducteurs pour se rendre compte des
sommes parfois importantes qu'ils arrivent
à réaliser ainsi. Peut-être est-ce à la suite de
ces abus qu'on a mis un arrêt obligatoire, avec
contrôle intermédiaire, devant le quartier du
57ᵉ, où descendent et montent de nombreux
artilleurs.....

A propos du paiement de la place, j'en arrive à parler des billets. Si, comme je l'ai dit,

le conducteur, ou le receveur, ne remet pas de billet au voyageur, par contre celui-ci peut acquitter le prix de sa place en billets. La personne qui use fréquemment des tramways a même intérêt à employer ce mode de paiement, car ces billets, pris dans tout bureau de la ville ou au siège de la Compagnie, reviennent meilleur marché. Chacun représente 10 centimes et, achetés par cinquante à la fois, permettent de réaliser une économie de o fr. 5o, car on ne les paie ainsi que 4 fr. 5o au lieu de 1oo sous, ce qui est appréciable.

Et ce fut apprécié!.....

Celui qui ne le sait pas n'aurait certainement pas l'astuce de deviner comment ni par qui.....

Comment? Tout simplement comme monnaie, pour suppléer à la pénurie de billon qui a sévi à Toulouse comme ailleurs.

Par qui? Par les magasins et même par les grands magasins. Aux *Galeries* et au *Capitole* on m'a donné des billets de tramways comme monnaie.....

Le client recevait donc ainsi une monnaie qui n'avait pas la valeur qu'elle représente et le volé, là-dedans, c'est encore la Compagnie des omnibus de Toulouse, car beaucoup de clients des magasins qui eussent payé leur place en tramway en bonne monnaie sonnante et trébuchante, la paient au contraire avec des billets achetés à prix réduit.....

Certains prétendent, au contraire, que M. Pons trouve son bénéfice à cette combinaison, car pas mal de gens, ayant des billets de tram dans leur poche, se trouvent ainsi « poussés à la consommation » et prennent le tram au lieu d'aller à pied.....

Le lecteur appréciera ; à mon sens, les arguments sont aussi valables les uns que les autres. Aussi je ne les discuterai pas : je me contente de rester fidèle au rôle que je me suis assigné en me bornant simplement à signaler le « trafic des billets de tramways » à Toulouse en 1915...

VI

Les prisonniers allemands à Toulouse.

Les premiers prisonniers à Toulouse ont été installés dans le couvent désaffecté des Assomptionnistes, situé sur les allées de Garonne, où ils étaient fort bien, trop bien même par rapport au traitement des nôtres en Allemagne. Les blessés, dont la plupart proviennent de la bataille de la Marne, sont à l'hôpital installé dans un immeuble désaffecté de la rue Caraman. Ils sont tous maintenant, sauf les blessés non encore rétablis, dans les Docks situés derrière les casernes d'artillerie. Il y en a un bon millier. Je ne décrirai pas leur vie dans les Docks, ni leur installation, qui est celle de tous les grands dépôts de prisonniers, je me contenterai de noter quelques particularités dans leurs occupations en dehors des Docks. On a recruté des cokeliers et quelques spécialistes qui, en deux équipes, font marcher l'usine à gaz de la ville. Il y a là d'excellents ouvriers, très actifs et accomplissant une besogne très pénible. Aussi sont-ils nourris à part, par la Direction du Gaz, et parfaitement traités. Ce n'est que justice, d'autant plus que leur travail est d'utilité publique et que c'est grâce à eux que la ville, par une imprévoyance qui eût pu être désastreuse, ne se trouve pas privée de gaz.

Je n'en dirai pas autant des Boches occupés à la construction de la nouvelle voie ferrée du canal et des nouveaux Magasins généraux auxquels elle aboutit. C'est à qui en fera le moins.

Leur travail est très bien fait, méthodique et soigné comme tout ce qui est allemand; mais la lenteur est désespérante. A la moindre pluie, chacun quitte le chantier pour se mettre à l'abri. Mes hommes s'y trouvant souvent de garde, je puis ainsi les approcher. Mais j'évite de causer avec eux, je préfère écouter et faire mon profit de leurs conversations. Mais ils sont malins et méfiants et je n'ai jamais surpris dans leurs conversations que des propos insignifiants ou des plaisanteries de mauvais goût.

Alors que nos hommes qui les gardent se contentent de leur maigre rata, ces prisonniers ont une cuisine soignée dont les éléments leur sont fournis par l'entrepreneur des travaux qui, par hasard, est un Espagnol.

Ce que je n'ai jamais pu comprendre, c'est que le service de garde est surtout fait pour empêcher les civils de traverser le chantier et accompagner les Boches quand, pour une raison ou pour une autre, ils sont obligés de s'en éloigner.

Or, à l'intérieur du chantier, les prisonniers n'ont à faire qu'à l'entrepreneur. Aussi ai-je vu couramment, à la cuisine en particulier, — c'est un étudiant d'Heidelberg qui est cuisinier, et peut-être pour ce motif, — les journaux français du jour.

J'ai vu une fois un Boche pêcher à la ligne dans le canal; il est vrai que cette partie du canal est comprise dans le chantier.

J'ai vu aussi plusieurs femmes, dont la profession est inscrite sur la figure, approcher bien près des baraquements.....

Il y a là un traitement de faveur inadmissible.

La majorité des autres prisonniers va travailler à Caraman où sont installés deux ateliers: l'un, dans l'ancienne chapelle, devenue fabrique de caisses de camions automobiles; l'autre, où se confectionnent des appareils de mécanothérapie pour la rééducation des blessés. Il y a parmi les prisonniers des spécialistes qui réellement font de merveilleux appareils.

Chaque matin une escorte du 57e ou du 23e d'artillerie les accompagne des Docks à Caraman et revient les chercher le soir. Il n'y a rien d'embêtant comme d'être chef d'escorte; j'en sais quelque chose. La foule est indifférente en général et il y a quelques cas seulement — et encore, isolés — de manifestation hostile. Le jeudi est un jour très ennuyeux, car tous les bambins qui n'ont pas de classe se croient obligés de les suivre d'un bout à l'autre du trajet, et plus on les chasse, plus ils reviennent.

Je remarque que les affiches de théâtres attirent surtout leur attention : les prisonniers semblent surpris que l'on joue, en ce moment, à Toulouse ! Ceux qui connaissent le français font la traduction de ces affiches à leurs camarades.....

En arrivant à Caraman, un jour où je n'ai pas déjeuné avant de me rendre au quartier, je vais dans leur cuisine boire un verre de café. Ils ont là un local commun avec quelques infirmiers français qui y font également leur cuisine. Ceux-ci parlent patois et je me mêle à leur conversation. Mon café achevé, le cuisinier boche s'avance vers moi et me dit :

— *En boulèts d'aoutré*[1] ?

Surpris de l'entendre parler patois je lui dis, en allemand alors :

— Comment? vous connaissez le patois?

— Mais je l'ai appris ici. Je parle mieux français que les cuisiniers de la section d'infirmiers, alors j'apprends le patois.....

Quels types, que ces Boches, quand même !

1. En voulez-vous d'autre?

Petit à petit, l'effectif des prisonniers boches diminue dans les Docks, car on en envoie un peu partout dans la région, surtout pour la construction des chemins de fer. Il y en a maintenant à Carmaux, au Castéra-Verduzan, à Castelnau-d'Auzan. D'autres, sous la direction de M. Bastard, un de nos sympatiques agents-voyers, extraient de la pierre à Vianne pour ces mêmes travaux. Il y a aussi des équipes agricoles dont l'une est à la ferme-école d'Ondes, à deux pas de Toulouse.

Les officiers prisonniers sont logés dans l'ancien couvent des Carmélites. Personne ne les voit et ils rongent leur frein en silence. Au début de la guerre, ils sortaient, paraît-il. On en aurait vu même au théâtre! Je ne l'affirme pas. Toujours est-il que, s'ils ont pu jouir de quelque liberté, cela n'a eu qu'un temps limité.

En somme, il n'y a rien de bien particulier à dire sur les prisonniers boches à Toulouse. J'ai très peu causé avec eux ; un seul seulement, quand j'ai procédé au déménagement du poste des allées de Garonne pour les Docks, m'a fait quelques confidences. C'est un certain M....., fils du grand banquier multimillionnaire d'Essen. Brun et dégagé, il n'a pas la touche d'un

Allemand et parle français très correctement.
Il connaît Paris dans tous ses coins et recoins.
Il m'avoue douter du succès des armées impé-
riales ; mais avec un ton d'une certitude abso-
lue, il me dit, à la date du 6 janvier, dans
la cour des Assomptionnistes, et avec une
flamme dans les yeux qui trahit pour une
fois son vrai fond militariste allemand : « Si
vous nous avez, ce sera d'une façon que
j'ignore : peut-être par la finance, peut-être
par les effectifs, ou par autre chose, *mais
jamais par les armes, non, jamais par les
armes !..... »*

Comme j'insiste, il me dit que la situation de
son père, qui tient entre les mains une grosse
partie des intérêts des usines Krupp, lui a permis de connaître bien des précisions sur les
réserves et la production des armes et des
munitions en Allemagne. Il me dit que l'importance en est telle, que des personnages
attachés aux Etats-majors de l'armée et même
des fonctionnaires très haut placés au Minis-
tère de la guerre, auraient peine à y croire
s'ils en connaissaient les chiffres.....

Nous verrons bien !

VII

L'Espionnage allemand à Toulouse.
Les Métèques.

Il serait puéril de prétendre que Toulouse, en temps de paix, a échappé à l'emprise boche ; nombreux sont les indices qui permettent de prouver que là, comme ailleurs, les Teutons avaient leurs agents. Une grande usine voisine possède, par exemple, de vastes locaux, parfaitement agencés pour recevoir des troupes, un sol fortement bétonné qui peut supporter le poids de « 420 ». Outre les Boches nombreux qui résidaient dans la ville même et dans beaucoup de localités de la région, telles que Castres, Mazamet, Albi, où ils étaient embauchés soit comme ouvriers, soit même comme ingénieurs, particulièrement pour l'installation et le fonctionnement des machines à tisser le drap, nombreux aussi étaient les Boches de passage. Les touristes ne manquaient pas de s'arrêter à Toulouse dont ils connaissent à fond, mieux même que les touristes fran-

çais et peut-être que bon nombre de Toulousains, toutes les richesses. Ils se flattaient hau-
tement de posséder un jour Lourdes, envisa-
geant certainement le côté commercial de
« l'affaire » plutôt que le caractère sacré et
mystique de notre cité pyrénéenne des mira-
cles. Possédant Lourdes, Toulouse était du lot,
forcément. Aussi guignaient-ils le Trésor de
Saint-Sernin et autres richesses, ainsi que la
célèbre bibliothèque universitaire, dont la ville
est fière à si juste titre. Quand celle-ci fut
en partie détruite par le grand incendie de Saint-
Michel en 1913, parmi les livres brûlés figu-
raient notamment de nombreuses thèses allemandes de médecine dont on leur demanda
aussitôt après le remplacement. Eh bien! non
seulement ils acquiescèrent favorablement à
cette demande, mais encore envoyèrent-ils des
thèses en nombre bien supérieur à celles qui
se trouvaient à Toulouse avant l'incendie. Ce
n'est pas trop préjuger, connaissant leur esprit
de méthode, que de penser qu'ils avaient agi en
prévision de l'occupation future du Midi de la
France, et espérant ainsi trouver classées,
numérotées et cataloguées par nos soins les-
dites thèses.....

Non seulement les étrangers descendaient à

Toulouse en touristes et sous le prétexte de visiter la ville, mais encore y séjournaient-ils plusieurs années durant comme étudiants. Le nombre d'Allemands étudiants, sans être très élevé comparativement à celui de nombreuses autres villes de France, était cependant assez important pour que ceux-ci aient pu faire de la « ponne pesogne ». Celle-ci a, en tout cas, été accomplie, comme plusieurs faits, reconnus dépuis la guerre, nous l'ont prouvé.

Ces sacrés Boches ont été favorisés, peu de temps avant la guerre, par l'accident survenu aux environs de Toulouse, pendant les grandes manœuvrss du Sud-Ouest, à l'attaché militaire allemand, von Winterfeld. Tout le monde se rappelle que cet accident se produisit à proximité de Grisolles, où Winterfeld fut soigné pendant de longs mois. Sa femme et lui ne firent peut-être pas d'espionnage, étant donné la réelle gravité de la blessure, mais leur séjour fut marqué par de nombreuses allées et venues de personnages allemands qui, évidemment, ne durent pas perdre leur temps.

Sans insister davantage sur l'espionnage allemand à Toulouse en temps de paix, je me contenterai de citer un seul fait, survenu au au bout de deux mois de guerre, qui prouvera que, malgré celle-ci, quelques Boches, naturalisés ou non, ont pu rester non seulement à Paris, mais également à Toulouse, et y continuer leur métier d'espion, qualité inséparable de tout Boche qui se respecte.

Fin août 1914, quand Paris était sérieusement menacé, et malgré l'avis contraire des conservateurs des Musées nationaux, faisant suite à une séance qu'ils tinrent au Palais du Louvre le 25 du même mois, M. Albert Sarraut ordonna *l'évacuation immédiate* des principales œuvres du Musée du Louvre[1].

1. Ci-dessous le procès-verbal de la séance tenue le 25 août 1914 par le Comité des conservateurs des Musées nationaux :

« Palais du Louvre, le 25 août 1914.

« *Procès-verbal de la séance tenue le 25 août 1914 par le Comité des conservateurs des Musées nationaux.*

« Le Comité des conservateurs des Musées nationaux, consulté sur l'opportunité d'évacuer en province les principales œuvres du Musée du Louvre, croit devoir faire respectueusement remarquer qu'il a déjà pris, durant ces trois dernières semaines, en vue de l'éventualité d'un bombardement, le maximum des mesures de sécurité que permettaient les circonstances, sur l'ordre du gouvernement.

« Les sculptures ont été mises à l'abri derrière les murs les plus résistants ; les objets d'art, enfermés dans des caisses, ont été transportés dans des cachettes

La *Joconde* donc, en compagnie de plusieurs centaines de ses sœurs, les chefs-d'œuvre du Louvre, ainsi que de nombreux meubles et tapisseries de Versailles et de Fontainebleau, prirent alors le chemin de Toulouse, où, comme

protégées par d'épaisses murailles : quatre-vingt-dix tableaux environ ont été enfermés dans des couloirs pratiqués entre de gros murs ou dans des réduits voûtés.

« Le déménagement de toutes ces œuvres, s'il fallait les transporter à Toulouse ou à Pau, exigerait donc une nouvelle et longue manipulation, pour laquelle l'intervention d'emballeurs expérimentés serait indispensable, et — d'après les renseignements déjà pris — non moins irréalisable : « Equipe du Louvre mobilisée presque en « totalité; deux hommes seulement chez l'emballeur « des Musées nationaux, etc..... ».

« En outre, aux points d'arrivée, elles seraient de nouveau manipulées par un personnel inexpérimenté, ce qui constituerait un nouveau et très grave danger.

« D'ailleurs, s'il s'agit de mettre nos trésors nationaux à l'abri de la rapacité de l'étranger, — ce qui ne pourrait se produire que dans le cas de suprême défaite, — la précaution paraît inutile. L'ennemi, en effet, est parfaitement informé de tout ce que possèdent nos Musées nationaux, et s'il devait faire entrer nos chefs-d'œuvre dans la rançon de la France, la liste en est déjà dressée.

« Dans ces conditions, le Comité des conservateurs, prêt à exécuter, dans la mesure où cette exécution serait possible, les ordres qui lui seront donnés, croit devoir faire observer que les mesures proposées ne constitueraient qu'un danger supplémentaire pour les œuvres dont il a la garde.

« Il ne lui appartient pas d'apprécier si l'opinion

je le dirai plus loin, « elle est à l'abri des regards, des convoitises, et ..... dès obus boches, entre quatre murs, bien gardée, dans un antique et tranquille quartier du cœur de Toulouse.[1] »

Elle y arriva dans les premiers jours de septembre, au moment donc où, devant le flot allemand, nos musées et nos œuvres d'art couraient les plus grands dangers.

En France, rien ne transpira de ce voyage et les Toulousains restèrent longtemps dans l'ignorance de la présence de Mona Lisa au milieu d'eux. Eh bien, le *Berliner Tageblatt*, dans un de ses numéros de septembre, donna le détail complet de ce départ des richesses de l'Art ainsi que de leur arrivée à Toulouse !

. . . .

publique, inévitablement informée de ces mesures, n'en serait par dangereusement alarmée.

> « *Le Directeur des Musées nationaux,*
> « Henry MARCEL.

> « *Les Conservateurs,*
> « A. HÉRON DE VILLEFOSSE, Gaston MIGEON, E. POTTIER, P. LEPRIEUR, Etienne MICHON, André MICHEL, E. HARAUCOURT, G. BÉNÉDITE.

> « A adhéré après communication, M. Léonce BÉNÉDITE. »

1. Alex. Coutet.

Beaucoup d'Alsaciens-Lorrains, après la guerre de 70, se fixèrent à Toulouse : aussi ne faut-il pas s'étonner d'y trouver de nombreux habitants, commerçants des plus honorables pour la plupart, portant des noms ayant la consonnance allemande, tels que Debs, Cohn, Haffner, Heinz-Tester. C'est précisément pour cette raison que d'autres en ont profité pour, en se glissant au milieu d'eux, passer inaperçus et accomplir en toute sécurité leur odieuse besogne.

Est-ce à dire pour cela que les intéressés ont pris toutes les mesures voulues contre l'espionnage? Sans vouloir empiéter sur un terrain qui n'est pas le mien, me basant cependant sur « ce que j'ai vu », on peut répondre sans crainte à cette question : Non.

Les personnes auxquelles je vais faire allusion ci-dessous, si elles n'ont rien à se reprocher, reconnaîtront elles-mêmes, si par hasard ces lignes leur tombent sous les yeux, qu'à Toulouse on a laissé trop de liberté aux étrangers.

Au quartier, deux photographes, dont au moins l'un est « Suisse », ont leurs entrées libres. Ils photographient hommes, pièces et chevaux, surtout les partants :

« Alors, vous allez à Suippes?

« Votre batterie est là-bas ?

« Ah ! vous partez seulement vingt ?

« Mais alors il y a deux batteries qui sont à Arras ?

« Ah ! c'est vous qui, avec le 18°, allez constituer la nouvelle batterie de 90 ?

« Quel est donc son effectif ?

« Vous resterez longtemps au camp d'Avor ?

« Et ce voyage à Bordeaux, pas trop fatigué ? Combien de chevaux avez-vous ramenés ? Ils viennent du Canada ? », etc., etc.

Ils connaissent ainsi tous les départs des détachements, leur destination, l'outillage qu'ils emmènent avec eux. Comme, d'autre part, ils photographient tous les groupes, par pièces, par pelotons d'E. O. R. ou d'élèves-brigadiers, par classes d'instruction, etc., ils connaissent en même temps l'effectif et les ressources du Dépôt. Pour peu que des agents similaires agissent de même dans les autres villes de garnison, il est bien certain que l'ennemi peut savoir presque exactement nos disponibilités.

Il est très agréable au militaire d'avoir, par la photographie, un souvenir du Dépôt, mais pourquoi tolérer un photographe « Suisse », au moins quant à ses papiers, constamment en contact avec les soldats ?

Voilà un fait. Tout le monde le sait au 23ᵉ et c'est sur les soupçons et les plaintes de plusieurs artilleurs de ce régiment qu'on obtint à grand'peine de faire interdire à ces deux photographes l'accès du quartier.....

Il y a un personnage au visage glabre, un « Hollandais » qui cause avec des amis de passage, très souvent, à la gare ; il fréquente un grand café, il fait sa partie chaque soir avec des officiers ; je l'ai entendu interpeller plusieurs fois sous le nom de « Wilhelm ». Son nom de famille a tout du Boche également. La Sûreté a reconnu que ses papiers étaient parfaitement en règle « et cela suffit ».

Un professeur « Suisse », M. R...., est un client assidu de la Bibliothèque universitaire. Sa tête frappe tous ceux qui l'y voient, mais on le laisse bien tranquille. Que diable fait donc ce professeur suisse à Toulouse ?

Ces suspects ne sont pas les seuls, mais aucun n'est inquiété. Et, je vais plus loin, — parce que personnellement j'en ai été convaincu, — « *il ne faut pas s'occuper des espions* ». Tel doit être le mot d'ordre. Voyez plutôt :

Etant maréchal des logis chef de poste à la gare Matabiau, en me promenant dans la salle des Pas-Perdus, mon attention est attirée par

deux Messieurs causant ensemble allemand.
J'achète aussitôt un journal dans lequel je feins
de m'absorber, tout en prêtant une oreille
attentive à la conversation de ces deux Messieurs. Ils causent malheureusement à voix très
basse, la gare est assez agitée à cette heure-là,
— il est midi et demie, c'est la tournée de plusieurs trains, — aussi les quelques mots que je
puis saisir n'ont-ils rien de particulièrement
significatifs. Je ne les perds cependant pas de
vue. A un moment donné, ils vont trouver
l'employé de service au passage. Pour ne pas
me faire remarquer, je ne m'attache pas à leurs
pas, mais dès qu'ils quittent l'employé, je vais
trouver celui-ci et lui demande ce qu'ils vou-
laient de lui :

« Ils m'ont prié, me répond-il, de leur dire
l'heure d'arrivée du train qui doit amener
d'Agen des officiers allemands prisonniers.
Je ne sais même pas s'il doit en arriver.

— Les connaissez-vous, ces Messieurs ?

— Non ! c'est la première fois que je les
vois, et pourtant voilà plus de dix ans que je
fais le même service et je connais tout le
monde. » L'agent de la Sûreté de service ne les
connaît pas non plus. Je vais alors au bureau
du Commissaire militaire où l'officier de ser-

vice employa un tas de circonlocutions, plus élégantes les unes que les autres, mais que je traduis par une seule phrase, réelle expression de sa pensée : « Pas d'histoires ! » Voilà comment une capture qui eût pu être intéressante ne fut pas faite. En effet, la Place de Toulouse ne fut avisée que dans l'après-midi de l'arrivée des officiers prisonniers. Ces deux personnages, ces *étrangers qui parlaient allemand*, étaient donc prévenus avant l'autorité militaire !...

Je ne puis relater les nombreux petits traits que j'ai observés et qui prouvent combien ont eu raison ceux qui ont — mais un peu tard peut-être — constitué le « Comité méridional antiboche », mais j'en rappellerai encore un : ayant accompagné un matin le détachement des prisonniers qui allaient travailler à Caraman, je constatai, en le ramenant le soir, sur la petite porte des Docks par où ces prisonniers rentrent à leur cantonnement, l'inscription suivante à la craie : « Morgen früh, hier », ce qui signifie : demain matin, ici.

Je suis absolument certain que cette inscription ne s'y trouvait pas le matin, car c'est contre cette porte que je me tiens en attendant que tous les Boches soient en rangs et je l'aurais certainement vue. J'en rendis compte immédiatement à l'officier chargé du service des prisonniers qui aurait agi en conséquence si, malheureusement, un de mes hommes bien intentionné n'avait effacé trop tôt l'inscription.

Il aurait été intéressant d'observer quelle personne serait venue au rendez-vous et dans quel but?

Parlant de l'espionnage, j'en arrive fatalement à parler des métèques. Comme je l'ai déjà dit précédemment, ils foisonnent à Toulouse et sont aussi libres — même davantage, en raison précisément de leur caractère d'étrangers qui les délie de toute obligation militaire — que les Français.

L'un d'eux, un Espagnol, étudiant en médecine, d'excellente famille, et avec lequel j'étais assez lié, ayant des amis communs dans son pays, me dit un jour : « Je suis absolument stupéfait au milieu d'événements aussi graves que ceux que traverse la France, et où il semble qu'on ne devrait prendre jamais assez de précautions, de voir la grande liberté qu'on laisse aux étrangers. Ainsi, moi, personne ne me demande jamais rien, je vais où je veux, j'écris où et à qui je veux, je reçois de même correspondances et journaux, etc..... Je suis neutre, c'est entendu, ou plutôt, vous qui me connaissez savez que je ne suis pas neutre, puisque je suis un sincère ami de la France. Mais s'il n'en était pas ainsi, qui m'empêcherait, en raison de cette excessive liberté que je trouve surprenante, de me livrer à l'espionnage et de servir les intérêts de vos ennemis ? » Je ne voulais pas croire que ce fût à ce point, mais mon ami espagnol ajouta : — « Sans parler des Russes, des Serbes, des Roumains, des Grecs et autres étrangers qui sont à Toulouse également, qu'il me suffise de vous montrer la propagande effrénée des Boches chez nous. Voici quelques journaux que reçoivent plusieurs de mes camarades; lisez-les et vous conclurez. Et il me remit plusieurs numéros du *Pueblo* et d'une feuille intitulée *Servicio de Informaciones para los paises de lengua española y portuguesa.*

Le *Pueblo* publie des articles d'une violence inouïe contre la France et ses Alliés, mais on y sent tellement le caractère sectaire et hostile qu'il n'est pas très dangereux, surtout en ce sens qu'il n'est acheté et lu que par ses coreligionnaires. Bien plus dangereuse est l'autre feuille au contraire qui, par insinuation et sous le couvert le plus mielleux, présente les faits sous un jour absolument faux, mais toujours exclusivement favorable à l'Allemagne. D'ailleurs cette feuille est publiée à Francfort, en langue espagnole. Son origine suffit à la faire juger!

J'ai lu aussi quelques numéros du *Corréo Español*, essentiellement germanophile et qui travestit également d'une façon impudente les faits. La plupart de ces journaux sont répandus gratuitement parmi les Espagnols, prouvant par là même leur caractère de propagande germanophile. J'ai ouï parler également de différentes revues, aussi mensongères par leurs images que les journaux précédents par leur texte, telles que la *Cronica de la Guerra* et la *Guerra Grande*.

Comment la censure n'interdit-elle pas l'arrivée en France de ces organes nettement « antifrançais »?

Puisque donc nous accueillons à bras ouverts les neutres chez nous, assurons-nous d'abord, je ne dirai pas qu'ils soient francophiles, mais au moins qu'ils ne soient pas nos ennemis. Des gens qui prennent plaisir à lire des feuilles qui vous dénigrent et qui ne vivent que de mensonges favorables aux Allemands, sont-ils dignes de demeurer parmi nous?

Je crois que nous sommes tous d'accord pour répondre que non. Et pourtant un certain nombre des étrangers qui habitent Toulouse sont dans ce cas; non seulement on ne les inquiète pas, mais ils se considèrent comme chez eux, ne respectant absolument rien ni personne autour d'eux. Pour eux, ce n'est pas la guerre et ils le montrent bien.....

VIII

Service de place, gardes de police; patrouilles de nuit.

Je crois bon de rappeler, avant d'entamer ce chapitre, qu'ici comme précédemment, je ne veux formuler aucune critique. Je citerai seulement les faits; ceux-ci seront assez élo-quents par eux-mêmes, tantôt pour amuser le lecteur, tantôt pour l'attrister au contraire, en constatant une fois de plus l'importance exces-sive attachée à des futilités, au détriment des choses autrement graves et touchant de plus près la Défense nationale. Malheureusement, pour certains celle-ci, même pendant la guerre, passait bien après l'intérêt particulier.

Comme je l'ai déjà dit également, la vie du Dépôt n'a rien d'intéressant. Pour celui qui a tant soit peu de sang dans les veines, elle est tout simplement odieuse, malgré le bien-être matériel et les avantages de toutes sortes que présente pour lui une ville de dépôt telle que Toulouse.

Je ne ferai aucune allusion aux quelques déplacements que je fis du Dépôt au Front pendant mon séjour à Toulouse, car outre qu'ils ne rentrent pas dans le sujet, ils ne présentent aucun intérêt particulier.

Je ne traiterai donc que du service de place qui fut mon unique occupation militaire en attendant mon rétablissement complet.

La plupart des gardes de police sont sinon agréables, du moins exemptes de soucis pour le sous-officier chef de poste. Deux cependant sont fastidieuses, et partant peu recherchées : le corps de garde au quartier et le poste de la gare Matabiau.

Au quartier, on a l'agrément d'être vite rendu à son poste ; mais que d'ennuis de toutes sortes une fois qu'on y est ! C'est d'abord la revue du poste, où, malgré toute l'attention portée, on est toujours attrapé d'une façon ou de l'autre : un bouton de travers, une courroie un peu haute, une guêtre un peu basse, les mains pas absolument sur la couture du pantalon, etc.

En outre de l'inspection de la garde, chaque fois que le Commandant du Dépôt rentre au quartier ou en sort, il faut faire sortir le poste et chaque fois rendre les honneurs. Le défilé des parents, amis et connaissances des militaires au corps de garde est ininterrompu. C'est une distraction, car bon nombre de ces personnes sont fort aimables et on peut ainsi parfois lier conversation avec elles.....

Moins intéressantes, quoique jolies pour la plupart, sont les ouvrières occupées par le maître-tailleur. Nous avons des instructions formelles pour qu'elles ne pénètrent au quartier qu'avec une carte spéciale, bien en règle, et seulement à certaines heures. Mais gare à vous, si vous voulez exiger la présentation de la carte : vous recevez alors une bordée d'injures dont le vocubulaire vous surprend de la part de ces petites ouvrières, à l'aspect si candide.....

Mais ce sont là de bien petits inconvénients, à côté de la responsabilité proprement dite du poste. En effet, le maréchal des logis doit surtout veiller à ce qu'avant 17 heures, c'est-à-dire avant la soupe du soir, aucun artilleur ne sorte du quartier. Il est en effet *responsable* de tout canonnier rencontré en ville, sans motif de service, avant cette heure-là, ainsi qu'après l'appel du soir. Et pourtant, croyez-vous que ce soit facile de vérifier la situation de chaque canonnier, qui se présente à la porte? D'abord, il y en a un grand nombre qui sont autorisés à coucher en ville et qui n'ont pas besoin de se faire porter *rentrant* au poste en arrivant. Rien n'empêche que parmi ceux-ci plusieurs, au lieu de rentrer, ne restent en ville. Tout le monde sait comment se rend l'appel du matin dans un dépôt encombré comme celui du 23ᵉ à ce moment-là. Ensuite, dans ceux qui sortent : corvées diverses, arsenal, poudrerie, etc., combien peuvent se faufiler qui, au bout de quelques pas, ont vite fait de s'esquiver en ville? Et les faux titres de permission? Et la porte du fumier? Et la porte qui communique avec le 57ᵉ et dont la clef est confiée *aux cuisines*? Et tant d'autres trucs ou issues diverses? Je fais grâce de leur énumération que la plupart connaissent, pour simplement narrer quelques souvenirs amusants de mes gardes personnelles à ce poste.

C'est un jour l'explosion de colère d'un arroseur municipal, venant se plaindre qu'une fourragère du 23ᵉ venait de lui couper son tuyau d'arrosage, adapté à une bouche voisine. Je l'envoie à l'adjudant du poste et c'est là que l'affaire devient amusante :

— *Ah ça; Moussu, sabès qué iou souy respounsable d'aquel tuyeau et pourtén bous assuri qué l'ey pla prébengut à bostre conductou. Malgré tout y a passat dessus amé soun camioun*[1].

— Quelle est donc la fourragère qui a pu faire çà ?

— Mon adjudant, ce doit être celle de la 64ᵉ qui vient de rentrer.

— Envoyez un planton demander à la semaine quel était le conducteur et qu'il me l'envoie tout de suite.

— Bien, mon adjudant.

Quelques instants après, le jeune de Turenne, authentique descendant du célèbre maréchal de ce nom, engagé de la classe 17, se présente au poste.

— Ah ! c'est vous, lui dit l'adjudant, qui

---

1. Ah cà ! Monsieur, savez-vous que je suis responsable de ce tuyau et pourtant, je vous assure que je l'ai bien prévenu à votre conducteur. Malgré tout, il y a passé dessus avec son camion.

faites du propre ainsi? C'est vous qui écrasez les tuyaux d'arrosage de la ville?

— Mais, mon adjudant, je ne l'ai pas vu ce tuyau, le bonhomme l'a déployé au moment où le tram des Ponts-Jumeaux le cachait à ma vue.

— Je ne vous reproche pas de ne pas l'avoir vu, je vous reproche seulement de n'avoir pas tenu compte des avis de l'arroseur qui vous a prévenu à temps, n'est-ce pas? — cette dernière phrase en regardant le brave fonctionnaire.

— *Per aco, sigur, Moussu, poudioug pas fa may, més aquel canounié fasio coumo s'énténdébo pas* [1].

— Eh bien! T....., vous voyez bien.

— Mais, mon adjudant, excusez-moi, répond de T....., parisien pur sang, je ne vois rien du tout car je ne comprends pas le patois.

— Vous ne comprenez pas le patois! Ah ça, depuis combien de temps êtes-vous ici?

— Mais il y a à peine six semaines, mon adjudant!

— Six semaines! et après six semaines, vous ne comprenez pas le patois? Mais que faites-

1. Pour cela, certainement, Monsieur, je ne pouvais pas le prévenir davantage, mais ce canonnier faisait comme s'il n'entendait pas.

vous alors? Tant pis pour vous, mon garçon.
Et notre jeune T..... a eu « quatre jours de
salle de police » *parce qu'il ne comprenait pas
le patois !.....*

Le 9 juin 1915, j'ai bien ri également. Figurez-vous que plusieurs artilleurs, joyeux pari-
siens, ont monté le coup à un certain nombre
de leurs camarades qui se sont rués précipi-
tamment sur la place du Capitole pour y accla-
mer le célèbre homme d'Etat italien, M. Salandra !

Celui-ci venait, en effet, de prononcer le
discours fameux qui devait sceller définitive-
ment l'amitié franco-italienne et, ce discours
ayant provoqué l'enthousiasme que l'on sait,
avait donné lieu à la manchette suivante dans
plusieurs journaux :

Salandra au Capitole,

ce qui suffit pour faire une bonne farce.
Naturellement, ils ne virent personne qui
ressemblât, de près ou même de loin, à
Salandra.....

Le 18 avril, la 64e batterie, étant de piquet,
ne doit pas quitter le quartier. Or, vers
17 heures, on a besoin d'un piquet de
soixante hommes. Impossible de trouver ce

7

quantum dans la 64ᵉ batterie ; on dut le compléter avec des canonniers bénévoles des autres batteries. Aussi, afin de donner une sanction à l'absence des canonniers qui étaient sortis sans autorisation, je reçois la consigne de prendre le nom de tous les canonniers de cette batterie qui rentreraient. La chose n'est pas facile et je me fais aider par la « semaine ». La plupart trouvent un motif valable : il est si facile d'en trouver ! Mais quelques-uns, surpris par cet épluchage, ne savent plus qu'inventer pour se disculper. C'est ainsi, entre autres réponses, que deux bleus, se voyant pincés, me répondirent carrément :

— Je ne suis pas de la 64ᵉ.

— De quelle batterie êtes-vous, alors ?

— De la 70ᵉ.

— Et vous !

— De la 73ᵉ.

Or la 70ᵉ et la 73ᵉ batteries n'existent pas au dépôt du 23ᵉ !

. . . .

Il paraît que le service de garde du 57ᵉ est plus serré que le nôtre. Aussi plusieurs canonniers de ce régiment ont-ils imaginé le truc, bien simple, de passer par le 23ᵉ. Une fois dans la cour de notre quartier, ceux qui ont des

« relations aux cuisines » peuvent profiter de la clef de la porte de communication avec le 57°, puisque, comme je l'ai déjà dit, les cuistots en sont dépositaires ; les autres doivent se contenter du toit des latrines, du haut duquel ils n'ont plus qu'à se laisser choir dans le quartier voisin.

C'est ainsi qu'étant de garde dimanche, je remarque dans un groupe de retardataires, vers 23 heures, un canonnier qui essayait de se faufiler derrière eux sans se faire voir. Je l'appréhende aussitôt et il se sauve à toutes jambes. Malheureusement pour lui, il s'embarrasse dans un volumineux paquet qu'il porte et ramasse quelques pas plus loin une pelle formidable. Deux de mes hommes me l'amènent et j'ai vite fait de constater qu'il appartient au 57°.

— Ah ! mon garçon, lui dis-je, tu es puni par où tu as péché. Si tu ne t'étais pas sauvé, tu ne te serais pas f...ichu par terre et je ne me serais peut-être pas aperçu de ta supercherie. Ah ! tu trouves plus simple de venir rentrer par le 23° !

— Excusez-moi, maréchal des logis, mais je ne m'étais pas aperçu que je m'étais trompé...

— Ta ratata ! Il ne faut pas me la faire.....

— Puis, cessant de le tutoyer, et faisant signe du coin de l'œil à deux de mes hommes, dont l'un agent de police dans le civil :

« C'est-à-dire que c'est vous le canonnier du 57ᵉ qui vient de commettre le cambriolage d'une villa voisine et que la police recherche. Vous correspondez en tous points au signalement qu'on nous en a donné : brun, moyen, petites moustaches avec un gros paquet.

— Mais, c'est du linge.....

— Précisément! C'est bien du linge que ce polisson a emporté.

Allez, emmenez-moi cet homme en cellule.

— Je vous en prie, maréchal des logis.

— Rien à faire. Un voleur n'a droit à aucun égard.

Le pauvre type devient tout pâle et se met à sangloter pendant que mes deux solides gaillards le conduisent à la cellule.

Je l'y laisse pendant une dizaine de minutes, puis avec quatre hommes, en armes cette fois, je vais le chercher.

— Votre cas est plus grave que je ne le croyais tout d'abord. En ayant « référé » (respectons les formules militaires) à l'adjudant du poste, celui-ci ne veut pas vous conserver plus longtemps ici et m'a donné l'ordre de vous faire conduire sans plus tarder à la prison militaire, en attendant votre comparution devant le conseil de guerre. Non content de cambrioler les civils, voilà que vous vous introduisez de nouveau dans le quartier du 23ᵉ pour y commettre certainement de nouveaux méfaits.

Allez : en avant, marche !

Nous tenons difficilement notre sérieux et arrivons à la grille. Là, je commande : canonniers ! halte !

Puis, remettant son paquet au malheureux, plus mort que vif et le regardant dans le blanc des yeux, je lui dis :

— Tiens, prends ton paquet..... et f.....-moi le camp.

Il ne se le fit pas dire deux fois et eut vite fait de se sauver, en me disant :

— Merci, maréchal des logis.

La leçon a certainement été meilleure que quatre crans.

Comme épilogue, je dus accepter l'apéritif que m'offrit ce canonnier au café Barrié le lendemain. Depuis, nous sommes une paire d'amis.....

Et nos bons auxiliaires ? — je veux parler de ceux qui n'ont jamais servi et qui viennent seulement d'être incorporés — ils nous font passer aussi de bons moments. Sans insister sur l'allure comique de leur accoutrement, la gêne de leurs mouvements, leur inénarrable façon de saluer ou de se présenter au poste, je rappelerai seulement une petite anecdote qui a l'un d'eux comme principal auteur.

Une nuit, vers une heure, je vois arriver au poste un gros bonhomme, jovial, rond et joufflu qui me dit :

— Ah ! maréchal des logis, si vous saviez ce qui m'arrive !

— Qu'y a-t-il ?

— Figurez-vous que je suis garde d'écurie à le 64ᵉ et qu'il y a un canonnier qui veut à toute force coucher à mon écurie.

— Eh bien, tu n'as qu'à le f... dehors.

— C'est bien ce que je voulais faire, mais il m'a menacé de me cogner dessus si j'essayais de le faire partir et il est resté.

— Bon, j'y vais.

J'emmène avec moi un homme de garde et j'arrive à l'écurie où je m'empresse d'empoigner un canonnier qui était étendu à côté de la porte.

Mais notre bon garde d'écurie s'interpose et me dit :

— Non, pas celui-là. Celui-là, c'est mon camarade qui est venu pour me défendre.

— Mais, et l'autre, où est-il?

— Sans doute qu'il *a parti*, quand il a vu que j'allais vous appeler.

— Comment? à vous deux, vous n'avez pas été fichus de vous débarrasser de cet importun sans venir m'embêter! Vous étiez bien assez forts, pourtant, il me semble! (Ils pourraient rentrer tous deux dans la catégorie des cent kilos.)

— C'est que, maréchal des logis, voilà! C'est que..... c'est que.....

— Eh bien, quoi?

— C'est que nous sommes..... des *auxiliaires*!!! (récemment versés « service armé »).

Raison péremptoire, en effet, devant laquelle je n'avais qu'à m'incliner.....

Le poste-*cauchemar* pour le chef de poste, et aussi pour ses hommes, est, sans contredit, le poste de police de la gare Matabiau, en raison de la sévérité du capitaine J..... le commissaire militaire. Celui-ci est très actif, et très guerrier..... dans sa gare tout au moins.

Le chef de poste a une consigne qui prime les autres : celle d'embêter les « poilus ».

Il faut leur interdire formellement de quitter

la gare, alors, comme je l'ai dit plus haut, qu'ils ne trouvent dans celle-ci même pas un banc pour se reposer, et d'empêcher les braves territoriaux employés à la Poudrerie et qui logent en ville de prendre le matin le train d'Auch qui les mène directement à leur travail.

A la relève, il faut fournir chaque jour au bureau du commissaire militaire l'état des hommes s'étant présentés à 5 heures pour prendre ce train. Inutile de dire que — comme tous mes collègues d'ailleurs — j'ai toujours laissé ces braves gens prendre le train au lieu de les obliger à faire six bons kilomètres à pied — les trams ne marchant pas encore à cette heure-là — pour aller à la Poudrerie; j'estime n'avoir en cela nui en rien à la Défense nationale.....

Le poste de police est installé dans un soubassement mal éclairé, pas aéré du tout, où passe le tapis roulant qui conduit les bagages des quais du hall à la salle de livraison. Les « totos » y pullulent, la paille manque. C'est vraiment inhumain et antihygiénique. Depuis longtemps, les hommes de garde sont mécontents, et avec raison, de cette situation. Les chefs de poste successivement se plaignent de cet état de choses à M. le Commissaire militaire

qui les envoie chaque fois poliment promener,
en faisant la réflexion suivante : « Estimez-vous
bien heureux de ne pas être dans les tranchées ! »

Je signale le fait — comme c'était mon devoir — à mon chef de corps, sur le rapport
journalier, et le lendemain le poste de la gare
Matabiau, par ordre de la Place, se trouve trans-
féré dans le local des agents de trains, plus
vaste, haut de plafond et bien aéré, en même
temps qu'on y envoie une paille fraîche et
abondante.

Je croyais avoir bien fait, mais voyez plutôt : quinze jours après, me voici de nouveau
de service à Matabiau. Le capitaine J.... me
fait appeler et me dit : « C'est vous le sous-officier qui s'est permis de signaler des faussetés
(sic) sur le corps de garde de la gare? »

— « Parfaitement, mon Capitaine, on nous
donne à la salle des rapports du 23ᵉ une feuille
imprimée où nous devons consigner toutes nos
observations après la relève.

— L'article 6, titre Iᵉʳ, de l'Instruction 1006
bis de l'Instruction sur les Commissaires de
gare, vous obligeait à m'en rendre compte, vous
ne l'avez pas fait, vous aurez de mes nouvelles.
Demi-tour. »

Ce ton n'admettant pas de réplique, je m'en

vais sans chercher d'explications. A quoi bon
lui dire que si je ne lui ai pas parlé de la saleté
du poste, c'est parce qu'il avait envoyé promener tous les sous-officiers qui l'avaient déjà fait ?

Le jour même, j'ai eu de ses nouvelles en
effet. Voici sous quelles formes : un de mes hommes, Pan, pour ne pas le nommer, est subitement
pris de malaise pendant sa faction et est rem-
placé aussitôt, sans que le service de garde en
souffrît. Dix minutes après, rien n'y paraît
plus, Pan reprend son service et rentre avec
nous au quartier.

Le soir même je reçois l'avis suivant :

« *Note 423 de M. le capitaine J....*
à M. le Major de la garnison de Toulouse.

« Quatre jours d'arrêts au maréchal des logis
de L.... ; étant chef de poste à la gare, du 6 au
7 mars, a négligé de rendre compte au Commissaire militaire de la gare de l'indisposition
d'un homme de garde, malgré l'observation qui
lui a été faite le matin même au sujet de l'article 6, titre Ier, de l'Instruction sur les commissaires de gare (1006 *bis*). »

Et voilà, sans commentaires, comment ce
capitaine a digéré l'affaire de la saleté du poste
de police de la gare.....

Depuis ce jour, j'étais « repéré » à la commission de gare de Matabiau où un espèce de grand gaillard, l'air bien portant et bien jeune pour être fourrier dans ce bureau, ne m'appelait plus, paraît-il, que le « je m'en f....tiste. »

Je croyais pourtant avoir prouvé le contraire en m'occupant de l'hygiène de mes hommes. Tandis que lui, à ce moment-là, n'a pas réussi à convaincre les malheureux poilus qui frappaient en vain à la porte de son bureau pendant son sommeil qu'il n'était pas tout simplement un « embusqué ».....

Je lui ai prouvé également que je n'étais pas vindicatif comme son chef en ne signalant pas qu'en l'absence de celui-ci, une nuit, il s'enferma dans son bureau où pas un militaire ne put demander de renseignements. Heureusement qu'étant de service je me suis fait un plaisir, cette nuit-là, de renseigner tous les poilus, permissionnaires, évacués ou autres, qui se présentèrent.....

Les autres gardes de police ont toutes leurs agréments, surtout celui de la tranquilité. Chacune est considérée comme une permission de 24 heures. Ce sont : le planton aux écuries, le parc à fourrages, la gare Raynal, la Bibliothèque, le Lycée et la Poudrerie.

Le « planton aux écuries » est le rêve. En effet, celui qui se débrouille peut faire très bien son service tout en dormant une bonne partie de la nuit.

Le parc à fourrages : çà, c'est la sinécure la plus complète ; le seul ennui, ce sont les puces du poste. Heureusement que par beau temps, on a la ressource des prairies avoisinantes et des grâces de certaines toulousaines qui viennent s'y ébattre à la tombée du jour.....

La gare Raynal : on y garde des wagons de munitions ou autres. Je n'y suis allé qu'une fois ; il n'y avait qu'un wagon à garder. J'ai eu la curiosité de regarder ce qu'il contenait : il était vide !.....

                         sont également des postes de tout repos, malgré la grande responsabilité qui pèse sur vous. Il y a là des trésors inestimables à protéger, contre des atentats boches toujours possibles — il y a tant d'étrangers à Toulouse ! — et aussi et surtout contre l'incendie.

Sous la haute
direction de M. Pol Neveux et de M. Jamot, très
bien secondés par M. Ducellier, ces richesses
sont aussi bien surveillées qu'elles ont été soli-
dement protégées lors de leur emballage et de
leur voyage.

M. Albert Sarraut a eu mille fois raison, en
craignant pour ces chefs-d'œuvre, car les hor-
des du Kaiser les auraient vraisemblablement
détruits, si la bataille de la Marne n'était inter-
venue à temps pour arrêter von Klück. Et
c'est précisément celui-là même qui avait jeté
l'anathème. Il suffit de se reporter, pour être
édifié à ce sujet, au discours prononcé le
6 février 1915 en Sorbonne par M. Hanotaux[1].

1. M. Hanotaux, dans son discours à la Sorbonne,
prononcé le 6 février dernier, déclare :

« Quelqu'un m'a raconté que comme le chef des
armées von Klück arrivait dans une des villes françaises les plus voisines de Paris, se croyant assuré de la
victoire, il fit ranger sur le perron de la villa où il
s'était arrêté tous les Français qui s'y trouvaient réfugiés, et là, tenant un fusil d'une main et un revolver
de l'autre (j'affirme que les choses se sont passées ainsi),
allant et venant, sacrant et maudissant, lui glorieux et
vainqueur, la casquette sur la terre, devant ces citoyens
libres, confiants eux aussi, dans la victoire des leurs, il
leur cria au visage : « Oui, oui, nous vous tenons ; elle
est vaincue votre France ; il sera détruit votre Paris.
Nous n'en laisserons pas pierre sur pierre ; vos monu-

« Ce vandale, dit fort spirituellement Alex. Coutet, en commentant le discours de M. Hanotaux, qui rêvait d'anéantir quelque chose de la grâce latine, dans le sourire de la Joconde, fut condamné, simplement, dans les plaines de la Marne, à répéter le rictus germain imprimé dans ses toiles nationales, par les Dürer et les Holbein, avec le *Cheval de la Mort* et la *Danse macabre.* »

Toulouse a donc la mission de confiance de conserver intacts ces chefs-d'œuvre et elle s'en acquitte avec soin.

Ces gardes présentent l'attrait d'un poste important agrémentés, pour le chef de poste, de conversations intéressantes avec MM. les Conservateurs que j'ai nommés plus haut, bilité qui, à une érudition élevée, joignent une ama et une affabilité qu'on ne saurait oublier.

A la Bibliothèque j'ai pu, grâce à la bienveil-

ments, votre Arc-de-Triomphe, votre Notre-Dame, votre Louvre, vos palais, vos maisons, nous détruirons tout, nous brûlerons tout ; ce sera la terre nue, et les corbeaux y nicheront leur couvée. Nous le haïssons votre Paris, nous haïssons la France, et nous les Barbares, nous vous montrerons en effet que nous sommes les Barbares ! » Ceux qui ont entendu et répété ces choses m'ont dit : « Nous avons vu Attila ? »

lance de son distingué directeur, M. Crouzel, visiter les différentes salles et me rendre compte par moi-même de la richesse et de la variété des collections qu'elles renferment.

Je manquerais à tous mes devoirs si je ne mentionnais pas également — après la reconnaissance de l'esprit, celle du ventre — l'excellent café bien chaud que voulait bien nous distribuer Mme Sablayrolles, la très dévouée concierge de l'établissement.

Un autre intérêt de cette garde réside dans l'audition, rendue parfaite par l'acoustique de la cour, du carillon de Saint-Sernin, qui me rappelle celui de Bruges quand, lors d'un voyage en Belgique, je l'écoutais de ma fenêtre de l'*Hôtel du Singe-d'or*.

Je note enfin le poste de la Poudrerie. Pour le chef de poste, c'est une promenade agréable, car on traverse le Parc toulousain et nous y allons à cheval : les hommes seuls y vont à pied et trouvent la trotte un peu longue. Mais le poste est agréable en raison de la beauté du site. Il n'y aurait rien de particulier à en dire cependant, si ce n'était un petit incident qui m'est arrivé lors d'une de mes gardes et que je tiens à ne pas oublier, pour montrer une fois de plus comment certains individus comprennent leur devoir ou plus exactement « leur consigne ».

Figurez-vous que, pour des raisons probablement motivées et qui, du reste, importent peu, tout ouvrier ou ouvrière sortant de la Poudrerie est minutieusement fouillé. Or, en raison des travaux d'agrandissement en cours, il y a une autre issue que l'entrée principale, gardée par une des sentinelles fournies par notre poste. La consigne est claire et formelle : *nul ne doit passer par là, même muni d'une carte d'identité.*

Quelqu'un a voulu enfreindre cette consigne, mais le canonnier Lapoire[1], de faction, s'y est opposé. Le délinquant, furieux, porte plainte à un fonctionnaire civil, tout galonné, qui est sans doute le concierge de la Poudrerie. Celui-ci n'ose rien dire, mais voilà que, le lendemain matin, il me remet une enveloppe cachetée, à en-tête de la Poudrerie nationale, adressée à

> *« Monsieur le Chef de poste*
> *de la Poudrerie*
>
> *23° Artillerie. »*

1. Tué à Verdun.

Je l'ouvre et je lis ce qui suit :

« MONSIEUR LE CHEF DE POSTE,

« J'ai le regret de vous faire constater qu'il y a au poste de garde une consigne signée du Directeur de la Poudrerie défendant de *jetter* (sic) les ordures sur *les terres pleins* et *berge* de la Garonne *(resic)*. Je constate que cette consigne n'est pas exécutée. Vous qui hier soir voulez exécuter les *consigne* (sic) à la lettre, vous ferez, je vous prie, afin d'éviter que j'en rende compte au directeur, faire disparaître ces balayures qui sont *jettées* (sic) à gauche du pont, ayant l'ordre de *veillez* (sic) à cette chose.

« Recevez, Monsieur le Chef de poste, l'assurance de mon *profond respect.*

« *Signé* : illisible. »

Assurer de son « profond respect » celui que l'on engueule, çà, c'est rigolo, ou je ne m'y connais pas, n'est-ce pas? Je suis allé voir les balayures en question : il ne s'agissait simplement que d'une bonne salade de pissenlits que mes hommes venaient de trier avant d'en améliorer leur ordinaire.

Quel crime !

Par contre, laisser passer un individu que l'on ne connaît pas, par une issue que l'on garde afin que personne n'y passe, çà, ç'a n'a aucune importance !

. . . .

Il y a aussi les patrouilles.

On vous désigne un secteur que vous parcourez après 21 heures, accompagné, ou plutôt guidé par un agent de ville. Ces patrouilles sont quelquefois très amusantes suivant le secteur. On va même dans les maisons de luxe, telles que la Présidence, la Préfecture ou le Sénat, où l'on est très bien reçu, même — et surtout — quand on y vient en service commandé. Ce que j'ai principalement retenu de ces visites domiciliaires, c'est que, alors que les cafés vous refusent, même en payant, de l'alcool, là, au contraire, on ne vous laisse pas partir — au moins l'agent de ville et le sous-officier de la patrouille — sans vous offrir un petit verre. Le même soir, j'ai fait connaissance avec une véritable gamme de liqueurs dont je ne soupçonnais même pas l'existence, dans le genre de la farigoulette, l'abricotine, la prunelline, etc.

Au cours de ces patrouilles, ce qui est très amusant aussi, c'est de flanquer des frousses terribles aux militaires qui circulent après le couvre-feu dans les rues. La plupart du temps, ils vous voient venir et peuvent se sauver ou se dissimuler sous une porte cochère, mais il leur arrive parfois de se casser le nez sur la patrouille, au sortir d'un immeuble ou au coin d'une rue.

C'est, par exemple, un « C. O. A », très myope qui, nous apercevant trop tard pour faire demi-tour, nous gratifie d'un salut militaire impeccable et prolongé, la tête tournée de mon côté, pendant que son pied pénètre profondément dans une ornière remplie d'eau qui l'éclabousse très fort, à notre grand amusement.

Un petit brigadier de la classe 16, parisien, qui est avec moi, s'avance alors vers ce pauvre type en lui disant d'un air désolé : « Excusez-nous, je vous en prie ! »

Une autre fois, j'en appelle un autre qui s'apprêtait à s'éclipser et il commençait déjà à balbutier toutes sortes d'explications que je ne lui demandais pas..... Je lui dis alors : « Pardon, mon ami, où est le Capitole, s'il vous plaît ? Il était tellement troublé qu'il n'a pas pu me l'indiquer.....

Ces petites histoires ne prouvent pas que les

patrouilles sont inutiles, car plus d'une a fait de la besogne utile. Mais combien plus utile c'eût été si elles avaient lieu à des heures irrégulières et en variant les quartiers ! Tandis qu'au contraire le secteur parcouru est toujours le même, l'heure et l'itinéraire invariables !

Le service d'ordre n'est cependant pas parfait : pour le prouver, je ne citerai qu'un seul fait :

Le 14 juin, quand le Président Poincaré est venu visiter les travaux de la nouvelle Poudrerie, interdiction formelle avait été faite à tous les militaires, de tous grades et de toutes armes, de circuler en ville de 15 heures à 19 heures. Or, personnellement, j'ai assisté au défilé des voitures de l'escorte présidentielle, avec de nombreux camarades, du haut d'un balcon de la rue Bayard, et je certifie n'avoir jamais vu dans cette rue autant de militaires que pendant ces quatre heures-là ! Ceux qui, malheureusement, ont souffert de cette interdiction de sortir en ville, sont les blessés des divers hôpitaux qui n'ont pu forcer, eux, la consigne, ni aller ainsi suivre leur traitement quotidien à l'Hôpital des Trente-six-Ponts !

IX

La charité toulousaine : Formations sanitaires et œuvres de guerre. — Le rôle de la Presse.

Il serait peut-être blessant, pour les autres grandes villes de France, de dire que Toulouse a fait plus qu'elles, au point de vue des œuvres de guerre. Aussi n'établirai-je aucune comparaison sur ce sujet. Mais un fait est certain, c'est que les œuvres de guerre y sont nombreuses et que, parmi celles-ci, il en est qui sont des plus intéressantes.

La population, les services publics et la presse, dans un élan spontané, ont cherché, par tous les moyens en leur pouvoir, le remède aux multiples misères et détresses provoquées par l'état de guerre.

La Croix-Rouge et les Femmes de France ont apporté leur plus large concours dans les soins aux blessés et les formations sanitaires sont de plus de cinquante à Toulouse. Je n'entreprendrai pas leur énumération, que tous les Toulousains connaissent, mais je tiens à rappeler qu'à côté des hôpitaux divers officiellement établis par le Service de santé remarquablement dirigé dans la XVIIe région par M. le Médecin principal Geschwind, il en est qui sont dus à la charité privée, dont le moindre n'est certes pas le splendide hôtel de M. Pauilhac, le sympatique fabriquant du papier Job.

Roger de Vivie a déjà glorifié ces admirables françaises, dans une de ses esquisses de Toulouse : « Devant la fontaine pleureuse de la place Rouaix glisse, pressé, sans bruit et presque sans ombre, un groupe d'infirmières. Nobles femmes qui vivez jour à jour cette terrible guerre dans le sillage de ses angoisses et de ses horreurs, vous êtes plus vaillantes que les Dames de Chevalerie et si vous ressemblez, dans vos voiles et vos costumes, à celles des temps de Joinville et de saint Louis, nous ne savons pas de croisade plus pure que votre croisade de charité. »

Les théâtres et les réunions publiques diverses, conférences ou autres, ont largement contribué aux recettes de nombreuses caisses de secours aux blessés et aux malheureux.

Mais une place spéciale doit être dévolue,

dans ce court aperçu de « Toulouse pendant la Guerre », à la Presse qui a pris l'initiative des plus belles œuvres qui aient été créées. *L'Express du Midi*, grâce à l'inlassable dévouement de son distingué rédacteur en chef, M. Victor Lespine, a été à la tête de ce mouvement, et ce journal a droit à la reconnaissance de bien de malheureux qu'il a secourus et aidés de mille manières, mais surtout par son *Service des Recherches des soldats disparus*. Grâce à ce service, qui fonctionne remarquablement, combien de pauvres soldats que l'on croyait morts ont été retrouvés et se retrouvent encore, calmant ainsi les légitimes angoisses de leurs familles !

L'Œuvre des Tombes de nos héros, dérivée de la précédente, fournit à bien des parents les renseignements, souvent difficiles à se procurer, relatifs aux sépultures des leurs.

Ces deux œuvres, les plus belles qu'ait créées *L'Express*, et dont il poursuit sans cesse le développement et les progrès, ont déjà eu leur plein épanouissement dans la réussite de l'énergique protestation adressée, toujours avec son initiative, à MM. les Sénateurs, contre « *l'incinération obligatoire* en temps de guerre », qu'avait voté la Chambre dans sa séance du 18 juin 1915[1]. Avec l'incinération,

[1]. Voici, du reste, le texte de cette pétition que signèrent des milliers de pères et mères de famille :

« Messieurs les Sénateurs,

« Nous soussignées, mères, épouses et sœurs de combattants, vous prions de ne pas ratifier le vote émis par la Chambre des députés dans sa séance du 18 juin et tendant à l'incinération obligatoire en temps de guerre.

« Nous acceptons les dures nécessités de la guerre et sommes prêtes à consentir tous les sacrifices, sans en excepter un seul, pour le salut, la grandeur et la gloire de la Patrie.

« Nous demandons seulement que l'on ne nous enlève pas, par un texte rigoureux, étroit, formel, l'espoir de recueillir plus tard la dépouille des êtres aimés qui sont tombés ou tomberont encore sur le champ·de bataille et d'aller prier sur leur tombe.

« C'est notre vœu le plus cher, Messieurs les Sénateurs, que nous vous exprimons respectueusement, de toute la force de nos âmes meurtries et avec la certitude que, dans ce pénible débat, vous écouterez notre voix.

« Après avoir constaté que les hommes de l'art consultés ont émis des opinions contradictoires, en ce qui concerne l'efficacité de la loi au point de vue hygiénique, M. le Ministre de la Guerre a d'ailleurs fait des réserves sur la possibilité d'appliquer, dans tous les cas, les règles posées par le projet de M. le député Dumont.

« Ces réserves justifient éloquemment le contre-projet présenté par MM. les députés Lefas et Lerolle, qui demandaient avec raison que l'autorité militaire fût autorisée à prendre sous sa responsabilité toutes c'était la disparition totale de l'être cher que l'on a perdu dans la terrible tourmente. *L'Œuvre des Tombes de nos héros morts au champ d'honneur* marquant, au contraire, soigneusement la place sacrée où reposent ces glorieuses victimes, permettra à tous ceux qui auront été atteints dans leurs affections les plus chères de venir plus tard prier et pleurer dessus.

les mesures nécessaires à l'assainissement du champ de bataille.

« Nous avons pleinement confiance en ceux qui commandent l'armée française et, par avance, nous nous inclinons devant les décisions qu'ils devront prendre dans l'intérêt de la santé publique pour régler la sépulture des combattants morts au champ d'honneur.

« Mais nous souffrons à la pensée d'une loi inexorable qui nous atteindrait dans ce que nous avons de plus cher au monde et dont l'application ne souffrirait pas d'exception. Ce qui nous blesse encore, c'est la distinction établie dans le texte voté par la Chambre entre les corps identifiés et les corps non identifiés.

« Cette loi, Messieurs les Sénateurs, en introduisant dans le code l'incinération obligatoire, heurterait les sentiments les plus respectables et ne ferait qu'ajouter à notre douleur.

« Faisant appel à votre cœur et à votre pitié, autant qu'à votre patriotisme, nous vous supplions de ne pas l'adopter.

« Veuillez agréer, Messieurs les Sénateurs, l'assurance de notre haute considération. »

L'Express du Midi n'a pas songé qu'aux morts : il n'a, en effet, pas oublié non plus les vivants. C'est encore lui qui a eu l'idée d'assurer un gîte aux permissionnaires des pays envahis avec la *Maison du Soldat*.

Grâce à l'*Œuvre d'assistance aux prisonniers*, de nombreux envois de pain, de vêtements et de provisions vont adoucir le sort de tant de malheureux soldats en Allemagne ! Ceux-ci reçoivent également un réconfort de l'esprit, grâce à l'autre *Œuvre du Livre de Guerre*. Celle-ci va aussi aux braves des tranchées dont les longues heures sont ainsi adoucies et parfois égayées.

La Ligue méridionale antiboche est d'une heureuse inspiration qui donnera de très avantageux résultats, en permettant de faire bonne garde autour de nos établissements de guerre, usines et arsenaux, en traquant sans cesse l'espion allemand toujours à l'affût d'un mauvais coup, et en venant en aide à nos commerçants et à nos industriels, par l'arrêt des infiltrations allemandes, commerciales et industrielles.

Je serais entraîné trop loin en détaillant par le menu toutes ces œuvres si belles par leurs buts et par leurs heureux résultats; mais j'en citerai quelques autres, uniquement à titre de mémoire :

Le Service des Marraines.

Le Comité de l'Œuvre des Mutilés, qui achète des appareils perfectionnés pour les mutilés de la région.

L'Œuvre des soldats aveugles, sourds aveugles et aveugles manchots, à laquelle *La Belle chanson*, sous la direction de M. Marius Léger, a apporté un concours des plus efficaces.

L'Ecole municipale des réfugiés belges, où des cours de français sont institués gratuitement par M. Jean Rieux, le distingué maire de Toulouse, et par la municipalité, à l'usage des réfugiés belges des provinces flamandes[1].

La Ligue sociale d'Acheteurs (et la Défense des produits français contre le hideux *Made in Germany*).

La Société française de secours aux blessés militaires (Comités de Toulouse) qui compte la création de plusieurs hôpitaux auxiliaires à son actif (Hôpitaux n° 1, Ecole Vétérinaire; n° 15, Ecole de Commerce), dont le général Llanas est le président et Mme la comtesse de

______

[1]. Salle de l'ancienne Faculté des Lettres, 17, rue de Rémusat.

Villèle la présidente du Comité des Dames.

L'Œuvre des Orphelins toulousains de la Guerre.

L'Œuvre départementale d'assistance aux militaires tuberculeux, qui forme l'une des sections du Comité central des œuvres de guerre de la Haute-Garonne.

L'Œuvre de la visite et de l'aide aux blessés.

L'Œuvre « Quand-Même », Société philantropique aux blessés, a également apporté sa part de secours à nos chers blessés.

La Chanson française, de même.

Nombreuses ont été les conférences, des plus intéressantes, dont les recetttes sont venues augmenter les ressources de ces différentes Œuvres, telles que celle de M. Jean Richepin [1], de l'Académie française ; de M. Magalhaes Lima, ancien Ministre de l'Instruction publique de Portugal [2], etc., etc.

Je citerai enfin *l'exposition des chefs-d'œuvre du Louvre,* toujours au bénéfice des Œuvres de guerre, due à l'heureuse et efficace intervention de M. Ellen-Prévôt, député de Toulouse, auprès de la Commission des Beaux-Arts à la Chambre. C'est ainsi que les Toulousains,

1. Mercredi 14 avril 1915, Théâtre du Capitole.
2. Samedi 23 mai 1915, Théâtre du Capitole.

sans avoir besoin de se rendre à Paris, et en contribuant ainsi à une bonne œuvre, auront pu défiler à loisir devant les tapisseries des Gobelins, devant de nombreux meubles d'art anciens et devant les vingt toiles non roulées choisies par M. Jamot, le distingué et aimable conservateur délégué à Toulouse.

. . . .

Dans ce dernier chapitre, je n'ai fait, à mon grand regret, qu'effleurer un sujet trop vaste et certainement je suis coupable d'omissions regrettables. Je m'en excuse d'autant plus volontiers que je sais d'avance que mon excuse est très valable : mes obligations militaires primant toute autre occupation ou préoccupation, je n'ai fait que noter ce que le hasard de mes pérégrinations m'a permis de voir, de lire ou d'entendre.....

CONCLUSION

Climat des plus agréables, situation géogra-
phique favorable, à deux pas des Pyrénées et à
quelques heures de Paris auquel d'excellents
trains rapides la relient, Toulouse est une cité
privilégiée.

A ces avantages naturels, Toulouse joint, à
l'heure actuelle, des qualités morales inappré-
ciables.

Hospitalière, généreuse, accueillante et ser-
viable, tous ceux qui sont appelés à y résider
quelques jours la quittent à regret.....

Mais, quoique agissant d'une façon désinté-
ressée dans ces admirables Œuvres de guerre
dont j'ai fait une rapide énumération, Toulouse en recueillera des fruits abondants.

Émigrés, réfugiés, alliés, mobilisés, blessés,
en un mot tous les gens qui, à titres divers,
auront pu, par un court séjour à Toulouse

pendant cette guerre, apprécier ses charmes et ses vertus, auront à cœur d'y revenir et de la faire connaître autour d'eux.

Une fois évanoui le cauchemar affreux que nous vivons en ce moment, ils y reviendront, soit pour leur agrément, soit pour le commerce, contribuant ainsi, à leur tour, pendant l'ère de paix radieuse qui suivra, à la prospérité et à la richesse de Toulouse, un des plus beaux joyaux de notre riant Midi.....

TABLE

Pages.

Toulouse. — Imp. et Lib. Édouard Privat. — 1224